FALKEN
BÜCHEREI

Traudi Müller

Damen in der Bütt

Scherze, Büttenreden, Sketsche

Völlig überarbeitete Auflage

Im Falken-Verlag sind zahlreiche Bücher mit
lustigen Vorträgen für alle Gelegenheiten erschienen.
Fragen Sie Ihren Buchhändler!

CIP-Kurztitelaufnahme der Deutschen Bibliothek

Müller, Traudi:
Damen in der Bütt: Scherze, Büttenreden, Sketsche / Traudi Müller.
– Völlig überarbeitete Aufl. –
Niedernhausen/Ts.: Falken-Verlag, 1987
  (Falken-Bücherei)
  ISBN 3-8068-0354-4

ISBN 3 8068 0354 4

© 1974/1987 by Falken-Verlag GmbH, 6272 Niedernhausen/Ts.
Alle Rechte vorbehalten
Satz: TypoBach, Wiesbaden
Druck: Neuwieder Verlagsgesellschaft mbH, Neuwied

161 514 131 211 10

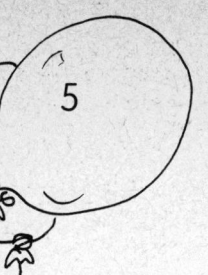

5

Inhalt

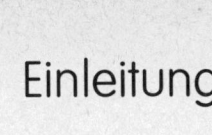

Einleitung

Meine liebe Närrinnen und Narren, Junggesellen, Jungfrauen und solche, die es gerne wieder sein möchten, Faschisten, Antifaschisten, Pessimisten, Optimisten, Egoisten, Materialisten, Karnevalisten und last not least Karnevalistinnen!!!

Ich begrüße Sie von Flensburg bis nach Garmisch-Partenkirchen auf das allerherzlichste mit dem karnevalistischen Schlachtruf: „Das Spiel ist aus – spart nicht mit Applaus!"

Das „Spiel" ist wirklich aus, nämlich für Sie, meine Narren – Verzeihung, ich wollte sagen: Herren.

Die Sache mit dem „Narr" dürfen Sie mir nicht nachtragen. Jedermann ist täglich fünf Minuten ein Narr. – Ich bin täglich fünf Minuten lang kein Narr. Sicherlich wird es Sie interessieren, wie es zu diesem „Büchlein" kam? Nun. Das ist schnell gesagt. Mein Mann hat schon des öfteren verlauten lassen – er läßt übrigens immer etwas verlauten –, „du machst deine ‚Scherze' immer nur auf meine Kosten. Also schreibe doch mal etwas für die Frauen und gegen die Männer".

Nun bin ich ja, wie Sie vielleicht schon wissen, eine ganz „sture" Münsteranerin. Als solche habe ich vom Karneval auch schon so einiges mitbekommen. Münster Karneval hat Tradition! Münster ist ohne Zweifel die Hochburg des westfälischen Karnevals. Das ist kein Schmus. Mit der Karnevalsgesellschaft Freudenthal von 1883 beherbergt sie die zweitälteste deutsche Karnevalsgesellschaft in ihren Mauern. Zwar habe ich noch noch nicht gehört oder gesehen, daß ein Münsteraner, wie es in anderen Städten – ich will hier keine Namen nennen – schon vorgekommen sein soll, sein Bett verkauft hat, um mit dem Erlös Karneval feiern zu können. Aber eins ist sicher, bei uns kommen die Wirte auch nicht zu kurz. Und außerdem, Münster ist eine Beamtenstadt, und wir alle wissen, Beamte haben „genug Geld". Also, warum sollen die ihr Bett verkaufen. In Bonn macht das ja auch keiner, und das will schon was heißen, denn da macht man ja so allerhand.

Auch ich habe früher, was den Karneval betrifft, so allerhand gemacht. Ich erinnere mich an einen Faschingsball: „Ihre Augen sind wie feurige Kohlen", flüsterte mir ein Mann beim Tanzen zu. „Ich fürchte, ich werde Feuer

8

fangen!" „Das mag schon sein", meinte ich kühl, „einen Holzkopf, der leicht brennt, haben Sie ja." Wenig später war ich Zeuge eines Gesprächs. Zwei alte Herren saßen in einer Ecke und schauten dem tollen Faschingstreiben zu. Da sagte der eine: „Jaja, das Schönste auf Erden ist doch die Liebe!" Dagegen meinte der andere: „Ich finde, Weihnachten ist das Schönste!" „Wieso denn Weihnachten?" staunte dieser. Darauf grinste der andere: „Weihnachten ist öfter!"

In einer Beziehung sind wir alle an den Karnevalstagen einander gleich. Ob jung, ob alt, ob schlank oder füllig, ob verheiratet oder ledig, jeder sieht sich insgeheim vor die Frage gestellt, in welcher Beziehung er zum Karneval stehen soll, um sich auf seine Weise am besten zu unterhalten. Es fehlt auch oft der Mut, oft auch das Herz, Narr zu sein. Wenn sich viele nicht allzu ernst nähmen – vielleicht auch zu wichtig ob ihres Berufes und ihrer Dienststellung –, käme der echte Karneval auch wieder mehr in Schwung.

Der Weise weiß, was sich korrekterweise gehört. Für ihn ist der Karneval eine Verzögerungstablette für die einsetzende Arterienverkalkung. Er beschließt darum aus psychologischen Gründen einmal zum Karneval zu gehen. Telefonisch bestellt er sich beim Maskenverleih ein Torerokostüm oder geht im Abendanzug mit neckisch gebundenem bunten Tuch um den Hals – wo denn sonst? Er bestellt sich zwei Flaschen Selterswasser, schmeißt diese dreimal um und schreit: „Zum Donnerwetter, Herr Ober, wo bleibt mein bestellter Kartoffelsalat?"

Die „größten Narren" sind die, für die der Karneval zu einer Aufgabe wird, die kaum selbst zur Unterhaltung kommen, weil sie ständig für Unterhaltung sorgen müssen. Ihnen sei Dank, daß sie das tun.

Wir alle kennen sie, die unermüdlichen Spaßmacher, die Büttenredner. Aber wo bleiben die Damen, die Büttenrednerinnen? Sicher, es gibt einige, aber das sind viel zu wenig. Wo bleibt da die Gleichberechtigung??? In der Bütt können Sie zeigen, was in Ihnen steckt. Auch wenn Sie keine Friseöse sind, hier können Sie den „Männern" einmal so richtig den Kopf waschen. So wahr ich Traudi Müller heiße, meine Damen, ich lasse Sie im Kampf um die gerechte Sache nicht im Stich. Ich kann die Männer auch nicht ausstehen. Wir leiden doch alle unter ihnen!

Meine Damen, gehen Sie auf die Palme, steigen Sie auf die Barrikaden, oder noch besser, steigen Sie in die *Bütt*.

Aber, meine Damen, steigen Sie nicht „nur" in die Bütt, sondern steigen Sie Ihrer Nachbarin auch mal aufs Dach.

Also, ich wollte sagen: Das Leben besteht bekanntlich nicht nur aus

9

Fasching und Karneval. Nein! Das verflixte siebte Jahr hat 365 Tage, und die wollen auch „gelebt" sein. Es gibt ja auch noch andere gesellige Gelegenheiten. Da wären zum Beispiel Vereinsfeierlichkeiten, Kegelabende, Hochzeiten, was kommt nach Hochzeit? Ach ja, richtig, Scheidungen oder andere lustige Begebenheiten – wie die Geburt eines unehelichen Kindes usw. Sie sehen, meine Damen, es gibt genügend Möglichkeiten, sich umzuziehen und auf die Bühne zu stürzen. Jetzt hätte ich beinah geschrieben: – sich ins Unglück zu stürzen, denn mein Mann kam soeben herein. Aber daran wollen wir ja heute nicht denken. Nein, wir wollen heute noch sehr lustig sein, – ich seh' schon schwarz.

Um es kurz zu machen: Wir wollen wieder lernen, uns zu freuen und Freude zu bereiten, denn alles Glück erwächst aus der Fröhlichkeit des Herzens, und sie soll wieder lebendig werden. So wie die Natur ihr Glück nicht für sich behält, sondern verschenkt, sollten auch wir unseren wiedererwachten Frohsinn nicht auf uns beschränken. Eine Stimmungskanone ist auf jeder Gesellschaft gern gesehen, und dieses Büchlein wird Ihnen, meine Damen, bei allen Gelegenheiten eine gute Hilfe sein. Viel Spaß denn auch, wünscht Ihnen

Traudi Müller

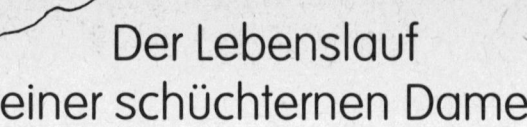

Der Lebenslauf
einer schüchternen Dame

Sie: kommt etwas armselig verkleidet, langsam, schüchtern und verängstigt aus der Kulisse auf die Bühne. Sie blickt sich hilfesuchend um. Nach etwas zaghafter Einleitung sollte sie im Verlauf ihre „Schüchternheit" gänzlich ablegen und „ihren Lebenslauf" resolut an den Mann bringen.

Das waren schlimme Zeiten, als ich damals auf die Welt kam. Ich bin gar nicht geboren. Mich haben sie in der Kleiderkammer des Kavallerie-Regiments gefunden. Meine Mutter war überhaupt nicht zu Hause. Die holte gerade Kartoffeln – die waren doch so knapp. Mein Vater war in der Kneipe und trank Schnaps. Deswegen bin ich auch keine Wassermann-Frau, sondern eine „Löwin". Darum hatte ich auch gleich so einen großen Kohldampf, nun, das ist verständlich, denn ich hatte ja neun Monate lang nichts gegessen.

Und eine Kälte war in der Bude. Da bin ich erst einmal aufgestanden und habe Feuer gemacht. Anschließend habe ich mich dann auf die Wickelkommode gelegt. Das hätte ich nicht tun sollen, nun versucht man mich dauernd einzuwickeln.

Mein Fräulein Mutter wußte gar nicht, wo sie mit mir hin sollte, zuletzt hat sie mich in den Vogelkäfig gestellt, damit mich die Katze nicht kriegte. Mein Vater hatte meine Mutter nur deshalb geheiratet, um mich näher kennenzulernen. Ich weiß bis heute noch nicht, wer mein Vater ist, aber meine Mutter hat schon einen gewissen Verdacht.

Der Kompaniechef sagte damals zu meiner Mutter: „Mädchen, nur keine Angst, wir werden den Vater Ihres Kindes schon finden." Dann ließ er die ganze Kompanie antreten. Meine Mutter schritt die Front ab. „Der dritte von rechts und der zweite von links", flüsterte sie. „In Ordnung", sagte der Hauptmann, „die beiden könnten es also sein?" „Nein", protestierte meine Mutter, „die scheinen noch nicht lange hier zu sein. – Die beiden scheiden aus."

Ich bin früher, als Kind, ein hübsches Blag gewesen, bevor die Zigeuner mich vertauscht haben. Ich war ein sehr ruhiges Kind. Ich bin immer still sitzen geblieben, in der Schule sogar dreimal. Die anderen Kinder hatten

„nur" eine Eins oder auch mal eine Zwei im Zeugnis, ich hatte meistens eine Fünf und im letzten Schuljahr sogar oft eine Sechs. Betragen hatte ich mangelhaft. Liebe: Ausgezeichnet. Einmal sollten wir zeichnen, was wir sein möchten, wenn wir erwachsen sind. Ich rührte keinen Finger. Auf die Frage der Lehrerin meinte ich: „Wenn ich groß bin, will ich eine glückliche Ehe führen. Wenn ich zeichne, wie ich mir das vorstelle, krieg' ich von Ihnen 'ne Ohrfeige!"

Als ich einmal einen Tag gefehlt hatte, fragte die Lehrerin nach dem Grund. Ich antwortete: „Mein Opa ist gestorben." „Nanu?" staunte die Lehrerin, „den habe ich doch heute noch an eurem Schlafzimmerfenster stehen sehen?" Ich sagte: „Stimmt, Fräulein. Wir lassen ihn da noch drei Tage lang stehen, damit wir die Rente für diesen Monat noch kriegen!"

Zur Aushilfe hatten wir mal eine ganz junge Lehrerin. Und die hat mich mächtig verhauen. Da hat mein Fräulein Mutter ihr aber einen „anständigen" Brief geschrieben:

Sehr geehrtes gnädiges Weib!

Sollten Sie sich noch einmal unterstehen, mein Kind zu schlagen, dann schicke ich Ihnen meinen Mann auf den Leib – aber dann sind Sie die längste Zeit „Fräulein" gewesen.

Einmal sollten wir einen Aufsatz schreiben, in dem das Wort „Palaver" vorkommt. In meinem Heft stand danach zu lesen: „Ich habe zu Hause noch zwei heranwachsende Schwestern. Beide haben einen Wandkalender, auf dem alle vier Wochen ein roter Strich zu sehen ist. Das letztemal ist der rote Strich ausgefallen – da war bei uns vielleicht ein Palaver!"

Einmal sagte die Lehrerin: „Nenne mir einen griechischen Dichter." Ich antwortete: „Achilles." „Achilles war doch kein Dichter", tadelte die Lehrerin. „Wieso denn nicht", erwiderte ich, „er wurde doch durch seine ,Ferse' berühmt." Anschließend gab sie mir einen Groschen und sagte: „Geh in die Apotheke und kaufe für zehn Pfennig Verstand!" In der Tür drehte ich mich noch einmal um und fragte: „Soll ich sagen, daß es für Sie ist?"

Eines Tages sagte morgens die Lehrerin: „Nachdem wir in der vorigen Stunde die Wasservögel durchgenommen haben, sind heute die Sumpfvögel dran. Edeltrud, kannst du uns etwas über den Storch sagen?" Ich erwiderte: „Fräulein, das könnte ich schon, aber hier in der Klasse?"

Einmal hat die Lehrerin mich auch gelobt. Sie sagte, wenn alle Mädchen so wären wie ich, dann könnte sie die Schule zumachen!

Nie vergesse ich den Tag, an dem ich aus der Schule kam und zu meiner Mutter sagte: „Mami, stell dir vor, unsere Klasse ist heute vom Schularzt untersucht worden. Nur eine von uns ist noch Jungfrau!" Meine Mutter freute sich: „Ja, ja, mein Kind, du warst immer ein braves Mädchen." Verdutzt erwiderte ich: „Wieso ich? Die Lehrerin!"

Ich habe auch ein sehr gutes Abschlußzeugnis bekommen. Darin stand geschrieben: „Edeltrud ist zu allem fähig."

Die Rektorin meinte zum Abschied: „Edeltrud, du bekommst nie eine anständige Lehrstelle." So ein Quatsch! 15 Stück habe ich gehabt.

Zuerst war ich bei einer Handschuhmacherin in der Lehre. Die war aber gar nicht zufrieden mit mir. Sie sagte: „Dich schmeiß ich raus, du machst mir die Finger zu lang."

Danach war ich Verkäuferin in einem Schuhgeschäft. Eines Tages bediente ich eine sehr feine Dame. Ich habe herangeschleppt was ich nur konnte, nichts war ihr gut genug. Nach vier Stunden meinte sie: „Können Sie mir noch etwas zeigen?" – Patzig erwiderte ich: „Ja, die Zunge!"

Sehr gerne wäre ich ja Serviererin geworden. Ich habe es auch drei Wochen lang versucht, in einem schönen Restaurant. Dann habe ich mit der Köchin Krach bekommen. Der hatte ich eine Tüte voll Wanzen ins Bett gesteckt. Der Geschäftsführer hat mich dann rausgeschmissen, – der konnte die ganze Nacht nicht schlafen.

Später war ich dann als Verkäuferin in einem Miederwarengeschäft angestellt. Eines Tages kam der Chef zu mir und sagte: „Fräulein Edeltrud, ich habe die Kasse überprüft, es fehlen genau 60 DM." Ich gab zur Antwort: „Herr Chef, nur Sie und ich haben einen Kassenschlüssel, da legt eben jeder von uns 30 DM wieder hinein, und dann sprechen wir nicht mehr darüber."

Das war ein schönes Geschäft! Jeden Tag wurde gebohnert. Furchtbar glatt war es da. Jeden Morgen, wenn ich hereinkam, bin ich ausgerutscht, und immer mit der rechten Hand in die Kasse. Ich war stiller Teilhaber. Eines Tages hat der Chef das gemerkt. Er sagte: „Fräulein Edeltrud, ich gebe Ihnen jeden Monat 600 DM. Sie lassen das." – Ich lächelte: „Ich denke gar nicht daran, ich steh mich ja so viel besser."

Dann versuchte ich mich als Verkäuferin in einem Waffengeschäft. Eines Tages betrat eine junge hübsche Frau schluchzend die Waffenhandlung und erklärte: „Mein Mann ist tödlich mit seinem Auto verunglückt." Ich flüsterte: „Mein aufrichtiges Beileid, gnädige Frau. Aber ich verstehe nicht, wieso Sie deshalb zu mir kommen." Darauf entgegnete sie: „Na, ich möchte Ihnen natürlich den Revolver zurückbringen, den ich gestern hier gekauft habe."

Anschließend war ich im Städtischen Krankenhaus als Krankenschwester tätig. Eines Abends ging der Stationsarzt noch einmal durch seine Abteilung. In diesem Moment stürzte ich mit wirrem Haar, offener Bluse und rotem Gesicht aus dem Zimmer eines Privatpatienten. „Nanu", sagte der Arzt, „ist etwas passiert?" Darauf erwiderte ich: „Wie soll ich denn das jetzt schon wissen?"

Ein halbes Jahr war ich Hausgehilfin bei einem reichen Fabrikanten. Eines Tages kam es zum Streit mit der Gnädigen. Ich sagte: „Also gut, wenn Sie mich schon rauswerfen, weil ich bei Ihrem Mann einmal schwach geworden bin, dann sollen Sie auch wissen, daß man mir gesagt hat, ich sei eine viel bessere Liebhaberin als Sie. So!" Die Gnädige schnappt nach Luft: „Unerhört! Wann hat mein Mann das gesagt?" Ich grinste: „Nicht Ihr Mann, sondern der Chauffeur hat das gesagt."

Zum Schluß war ich als Köchin im Haushalt eines Apothekers angestellt. Urplötzlich hatte ich gekündigt. „Aber Edeltrud", meint die Frau des Apothekers leicht verzweifelt, „was ist denn in Sie gefahren? So plötzlich wollen Sie uns verlassen?" „Gnädige Frau", sagte ich nicht ohne Freude, „Ich will doch heiraten!" „Ach, heiraten wollen Sie? Ja, und glauben Sie, liebe Edeltrud, daß Sie es dann besser haben werden?" Ich verkündete stolz: „Besser wohl nicht, gnädige Frau, aber öfter!"

Nun ist das bei uns zu Hause auf dem Dorf so Mode, daß am Hochzeitstag die Braut ihren Jungfernkranz trägt und vom Kirchturm herab die große Glocke läutet. Wenn die Braut ausnahmsweise keine Jungfrau mehr ist, dann braucht sie keinen Jungfernkranz mehr zu tragen und es läutet auch nur ein kleines Glöcklein. Das ist dann aber auch billiger. Als es dann soweit war, sagte der Herr Pastor zu mir: „Nicht wahr, Fräulein Edeltrud, dann können wir bei Ihnen ja wohl die große Glocke nehmen?" Gelassen erwiderte ich: „Herr Pastor, mir und meinem Freund kommt es auf ein paar Mark ja gar nicht an. Nehmen Sie nur ruhig die große Glocke – und dann können Sie ja mit der kleinen ab und zu dazwischen bimmeln."

Nach der Trauung unternahmen wir eine sehr schöne Hochzeitsreise. Wir drehten eine Runde auf der Achterbahn. Mein Mann war glücklich wie ein satter Säugling an der Mutterbrust. Das war ein schöner Mann! Gnädige Frau, da hätten Sie auch nicht nein sagen können.

Die Männer heiraten, weil sie müde sind, die Frauen, weil sie neugierig sind. Wir haben uns auf der Hauptstraße kennengelernt. Ich drehte mich um und sagte: „Laufen Sie mir nicht hinterher, Sie unverschämter Kerl, womöglich rufen Sie mich noch unter 76 6317 an, was?"

Wir erwachten dann am anderen Morgen im Hotel. Da seufzte ich: „Hein, ich muß dir etwas gestehen, ich bin keine reiche Millionärstochter, sondern nur eine arme Stenotypistin." Da lachte Hein: „ Das macht nichts. Ich bin auch kein Junggeselle."

Eines Tages kam mein Hein zur Wohnungstür hereingestürzt. Er hatte etwas ungemein Gieriges im Blick. Aufgeregt rief er mir zu: „Schnell, schnell, Schatzi! Laß die Rolläden 'runter und zieh die Vorhänge zu – ich muß dir etwas zeigen!" Hocherfreut und zittrig tat ich, wie mir geheißen, und riß mir in aller Eile die Kleider vom Körper. Nackt stand ich im Dunkeln und flüsterte heiser: „Komm, Hein!" Mein Hein tappte ungeschickt zu mir herüber und sagte: „Guck doch mal, wie prachtvoll das Leuchtzifferblatt meiner nagelneuen Armbanduhr im Dunkeln leuchtet!"

Leider dauerte unser „Eheglück" nicht lange. Eines Tages schellte ich bei unserer Nachbarin und klagte: „Frau Piepenbrink, stellen Sie sich vor, ich schicke meinen Mann zum Kaufmann, er soll mir eine Dose Erbsen holen. Der dumme Kerl geht über die Straße, schaut nicht links und nicht rechts, ein Omnibus kommt – tot ist er." „Um Himmels willen, Frau Müller, Sie Ärmste!" ruft die Nachbarin, „was machen Sie denn jetzt?" Ich sagte: „Ach Gott, es ist nicht weiter schlimm, ich habe noch eine Dose Bohnen im Haus."

Männer können
so „reizend" sein!

Szene: Ein Gesellschaftszimmer, ein Klubraum oder auch eine Bühne kann der Rahmen für diesen Vortrag sein. Keß und kokett sollte sie (die Vortragende) ihren Zuhörern entgegentreten. Die Bekleidung (Kostümierung) müßte der jeweiligen Situation angepaßt werden, je nachdem, ob es sich um eine Karnevalsveranstaltung, ein Betriebsfest oder eine andere gesellige Veranstaltung handelt.

Sie wagen es, daran zu zweifeln? Aber ich bitte Sie, Männer können wirklich reizend sein, besonders in der überfüllten Straßenbahn. Es war einmal ein Mann, der in der Straßenbahn seinen Platz einer Dame anbot. Die Dame war dermaßen überrascht, daß sie in Ohnmacht fiel. Als sie wieder zur Besinnung kam, bedankte sie sich bei dem Herrn, daß er ihr seinen Platz angeboten habe. Darauf fiel der Mann in Ohnmacht.

Liebe Leidensgenossinnen! Ich habe in der Straßenbahn einmal folgendes erlebt. Ein Teenager sagte halblaut zu ihrer Freundin: „Wenn doch nur der hübsche junge Mann mir seinen Platz anbieten würde!" Was soll ich Ihnen sagen: Da standen sechs Herren auf. Na ja, am leichtesten ist halt ein Mann durch ein klopfendes Mädchenherz festzunageln.

Aber eitel sind die Männer nicht – solange sie noch mit hellblauen Strampelhöschen im Körbchen liegen. Wer wirklich etwas Gutes hören will, muß einem Mann zuhören, der von sich selbst spricht.

Männer sind glücklich, wenn sie angeben können. Noch glücklicher sind sie an einem Tag, an dem sie sich sehr wichtig vorgekommen sind. Die meisten Männer halten sich schon für männlich, wenn sie unrasiert sind. Schon vor der Ehe betrachten sich die meisten Männer als das goldene Kalb und erwarten, daß die Frauen um sie herumtanzen. Die jungen Leute halten es gar nicht mehr für nötig, um eine Frau zu werben. Heute sind ja „heiße Liebesschwüre" aus der Mode gekommen. Jetzt fragt „er" seine Freundin nur schlicht: „Wollen wir nicht unsere Bausparverträge zusammenlegen?"

Viele junge Männer heiraten nur deshalb, weil sie einfach nicht das Geld haben, die Dame ihres Herzens ständig auszuführen. Andere wieder

gehen mit einer Frau überall hin, – nur nicht aufs Standesamt. Was ist eigentlich ein Junggeselle – meine Damen?

Das wird uns Frauen wohl stets ein Rätsel bleiben! Heiraten tun die Junggesellen nie und trotzdem vermehren sie sich! Die Ehe ist für einen Junggesellen die charmanteste Art, seine Freiheit zu verlieren. Für Junggesellen ist die Liebe wie das Autofahren: sie überschreiten die zulässige Höchstgeschwindigkeit, parken an der falschen Stelle und schneiden die Kurven. Ein kluges Mädchen läuft einem Junggesellen ebensowenig nach wie eine Mausefalle der Maus nachläuft.

Wenn ein Mann behauptet, er vermöge den Verführungen der Liebe zu widerstehen, dann ist das meist nur deshalb der Fall, weil keine an ihn herantreten. Nicht selten ist eine weibliche Kniescheibe die Drehscheibe männlicher Gedanken.

Die „Herren der Schöpfung" sagen von sich selbst: Wir Männer sind treu. Wir brechen die Treue nicht, – wir unterbrechen sie höchstens. Hier ist die Versuchung des „schönen" Mannes – wenn es so etwas überhaupt gibt – natürlich viel größer. Schöne Männer sind wie frische Ölfarbe. Man kann der Versuchung nicht widerstehen, sie zu berühren, und dann wird man sie nicht wieder los. Meine Damen, ich rufen Ihnen zu: „Finger weg von den ,schönen' Männern. Schönheit vergeht, – aber häßlich bleibt häßlich!"

Den idealen Mann gibt es nur aus der Ferne. Heute müssen sich die Frauen auf einer Party erkälten, damit sich ein Mann für sie erwärmt. Zu mir sagte einmal ein gutaussehender Mann: „Ohne Frauen könnte ich gar nicht leben." „Oh" staunte ich, „dann sind Sie so ein Don Juan?" „Unsinn", lachte dieser. „Ich bin Frauenarzt."

Das war ein Gentleman. Ein Gentleman ist bekanntlich ein Mann, der eine Frau solange beschützt, bis er mit ihr allein ist.

Je näher man die Männer kennenlernt, desto höher achtet man – die Frauen. Die meisten gutmütigen Ehemänner sind es nur aus Bequemlichkeit. Die guten Ehemänner sind die schlimmsten, – denn man kann sie nicht verlassen. Und Verträglichkeit zeichnet nur die Männer aus, die ein schlechtes Gewissen haben. Meine lieben Mitstreiterinnen, wenn Ihr Mann im Schlaf mal „Puppe" sagt, dann träumt er bestimmt nur von Schmetterlingen. Es gibt ja Fälle, in denen ein Mann seine Frau belügen muß. Ja, aber das ist noch nicht das Schlimmste! Schlimm für einen Mann sind die Fälle, in denen er die Wahrheit sagen muß.

Männer würden leichter beichten, wenn sie wüßten, was bereits bekannt ist. Wenn Männer sagen, die Frauen würden mehr lügen als sie, dann

spricht daraus nur der Neid, weil die Frauen sehr viel besser lügen. Manche Ehemänner finden in der Ehe wirklich ihr Glück, vorausgesetzt natürlich, ihre Frauen kommen ihnen nicht drauf. Bekanntlich sind Ehemänner wie festgepflockte Pferde: Sie grasen mit Vorliebe an der äußersten Grenze ihrer Bewegungsfreiheit.

Eine kluge Frau hat einmal gesagt: Die Männer sind komische Burschen, sie mögen Fett, wenn sie es essen dürfen, aber nicht wenn sie es umarmen sollen. Anschließend hat diese Frau in 30 Tagen ihr Fett heruntergehungert. Aber geheiratet hat die kluge Frau nicht. Darauf angesprochen, meinte sie zu mir: „Frau Müller, ich habe einen Papagei, der ganz ausgezeichnet flucht, außerdem besitze ich einen Hund, der viel knurrt und mein Kater geht nachts bummeln. Nun frage ich Sie, wozu brauche ich da noch einen Mann?"

Ich muß der Frau recht geben. Überlegen Sie doch einmal: Wenn eine Frau aus einer einzigen Rippe des Mannes geschaffen wurde, wieviele Fehler dann erst der ganze Mann haben muß?

Ist doch wahr! Wirklich, die Männer sind komisch. Als Verlobte tun sie so, als ob nichts verboten wäre, – und als Verheiratete tun sie so, als wäre nichts erlaubt! Das Übel mit den Männern ist, daß sie sich am Morgen um zehn Jahre jünger fühlen und am Abend um zwanzig Jahre älter. Das Alter eines Mannes erkennt man an den Dingen, von denen er zwei auf einmal nimmt: zwei Treppenstufen oder zwei Tabletten.

Ein Mann in mittleren Jahren ist ein Mensch, der aufgehört hat, an beiden Enden zu wachsen, der dafür aber jetzt in der Mitte wächst. Ja, und die Männer im besten Alter müßten eigentlich „Männer im Metallalter" heißen: Sie haben Silber im Haar, Gold in den Zähnen und Blei ... in den Beinen. Der beste Mann aller Zeiten ist nach wie vor der erste Mann einer Witwe, – nachdem sie zum zweiten Mal geheiratet hat. Ach ja! Unter den Händen der Frau blühen sie auf, – um schließlich zu verduften ...

Modische Neuigkeiten

Der Vortrag kann auf einer Bühne, frei im Raum stehend, oder auch am Kopfende einer Tafelrunde gebracht werden. Die Referentin kann beliebig gekleidet sein. Allerdings sollte sie etwas ganz Ausgefalllenes – am besten einen ganz „verrückten" Hut – auf dem Kopfe tragen. Es darf auch ein Schal oder Mini-Rock sein. Zu Beginn des Vortrags müßte sie die Anwesenden auf dieses modische Ding aufmerksam machen.

Mit all den hübschen Dingen in einer Schaufensterauslage ergeht es uns Frauen oft so wie mit der Liebe: Hat man sie erst einmal zu Hause, sind sie nur noch halb so aufregend.

Das liegt aber nur an den Männern, denn sie sind einfach komisch. Wenn wir Frauen uns ein buntes Kleid anziehen, Schminke auflegen und einen tollen Hut aufsetzen, dann lehnen es unsere Männer ab, mit uns auszugehen. Wenn ihnen dagegen eine andere Frau begegnet, die ein buntes Kleid anhat, geschminkt ist und einen verrückten Hut trägt, – dann starren sie dieser Frau mit Stielaugen nach.

Wir Frauen müssen uns ja schminken, weil die meisten Männer – Ehemänner inbegriffen – die ungeschminkte Wahrheit nicht ertragen können.

Mein Mann hat eine Vorliebe für bleistiftdünne Frauen, für so eine Art Mannequin. Und das nicht ohne Absicht, – die dürfen nicht viel essen. Mannequins sind Traumfrauen für viele Männer. Wenn Männer von Träumen reden, meinen sie hübsche Frauen. Wenn dagegen wir Frauen von Träumen reden, meinen wir hübsche, elegante Kleider.

Kürzlich schenkte mir mein Mann einen eleganten Wollmantel, aber das ist kein Grund zum Stolz, – denn vorher trug ihn ein Schaf.

Ja, meine sehr verehrten Damen und auch Herren, es ist schon etwas Wahres dran, wenn man sagt: Der beste Anzug eines Mannes ist das neue Kleid seiner Frau. Und außerdem ist folgendes bewiesen: Die Kleider der Frau sind der Preis für den häuslichen Frieden des Mannes. Und last not least freut sich eine Frau über ein neues Kleid nicht, weil sie es hat, sondern weil andere Frauen es nicht haben. Ich habe mir mein neues Frühjahrskostüm aus Versehen anstatt nach dem Schnittmusterbogen – nach einer Autokarte zugeschnitten, jetzt hat es viele tolle Kurven.

Die meisten Männer wissen überhaupt gar nicht, was eine gutangezogene Frau an Garderobe braucht. Ich will es Ihnen sagen, meine Herren: Bis eine Frau all die Kleidung hat, die sie sich wünscht, braucht sie die Wolle von 200 Schafen, die Seide von 2 Millionen Seidenraupen und – wir wollen einmal ehrlich sein, meine Damen, – die Nerven von sechs Ehemännern.

Aber wir Frauen kommen den Herren der Schöpfung ja auch entgegen. Z. B. geben wir den Männern bei einem ehelichen Streit die Möglichkeit, das letzte Wort zu behalten. Es genügt, wenn er sagt: „Schön, dann kauf es dir!"

Kürzlich hatten wir den größten Streit, und das nur deswegen, weil ich an der rechten Hand meines Mannes einen wertvollen Brillantring entdeckt hatte. Sie meinen, das wäre kein Grund zum Streiten? Und ob das einer ist. Seine rechte Hand ist nämlich seine Sekretärin! Seine Sekretärin tut ja alles für ihn. Für meinen Mann trägt sie sogar Steine – ab zwei Karat.

Nach dem Streit stöhnte mein Mann: „Liebling, ich bin dafür, daß wir einen Schleier über diese Angelegenheit breiten." „Das hast du dir so gedacht", zischte ich, „einen Schleier? Mein Lieber, ein Schleier ist durchsichtig. Wenn wir schon etwas über deine Vergangenheit breiten wollen, dann kommt nur ein Pelzmantel in Frage."

Eine ganz moderne Waschmaschine hat er mir dann auch noch gekauft. Aber ich bin nicht besonders zufrieden damit, denn jedesmal, wenn ich reinsteige, werde ich von den Schaufeln und Kellen grün und blau geschlagen.

Wir Frauen müssen heutzutage mit der Mode gehen, denn das sind wir unseren Männern schuldig. Bitte bedenken Sie: Ein Mann kann mit all seinem Streben im Beruf niemals die Höhe des Erfolges erklimmen, den eine Frau mit der Tiefe ihres Dekolletés erreicht.

Auf einer feinen Gesellschaft sagte doch kürzlich eine bessere Dame zu mir: „Gnädige Frau, Sie sind zwar viel älter geworden, aber an Ihrem Kleid habe ich Sie sofort wiedererkannt."

Sehen Sie, meine Damen, nichts auf Erden ist so schwer zu halten, wie der Mund. Wenn überflüssige Worte Geld kosten würden, wären viele Leute sehr schnell völlig verarmt.

Wenn man's genau nimmt, dann haben wir Frauen den Tieren eine ganze Menge zu verdanken. Ich meine jetzt nicht die hohen Tiere, mit denen einige unserer Mitschwestern verheiratet sind. Sehen Sie, der Nerz gibt sein Fell für den Pelz her, das Krokodil seine Haut für die Taschen, die

20

Schlange für die Schuhe, und Gott sei Dank findet sich am Ende immer wieder ein Esel, der alles bezahlt.

Aber die Hauptsache ist, es macht uns Frauen Freude. Freude ist ansteckend. Sie ist wie ein Bazillus, und kein Mann sollte sich sträuben, hier Bazillenträger zu sein.

Es ist schon so etwas mit der Mode. In Amerika ist die Mode sogar einem großen Verbrecher zum Verhängnis geworden. Er ist endlich gefaßt worden. In der Maske einer Frau. Die Maske war sogar unerhört echt, meine Damen. Doch als verkleidete Frau tat der Bursche etwas, was keine echte Frau der Welt fertigbringt: Er ging an einem Modegeschäft vorbei, ohne die Schaufenster anzusehen. Da kann man nur sagen: Auch die listigsten Füchse enden beim Kürschner.

Unlängst sagte mein Mann zu mir: „Nun willst du schon wieder ein neues Kleid haben. Hast du denn überhaupt keinen Sinn für etwas Höheres?" Ich strahlte: „Aber ja, Schatzilein – den passenden Hut dazu möchte ich natürlich auch noch haben."

Bei den Herren der Schöpfung müssen wir Frauen eben alles versuchen, um zu unserem Recht zu kommen. Die Männer sind wie Streichinstrumente: Wenn nichts mehr hilft, muß man andere „Saiten" aufziehen.

Als ich das letzte Mal vom Friseur kam, hat mein Mann einen Schock bekommen. Der dachte, es hätte mir jemand eine Schüssel voll Makkaroni auf den Kopf geschüttet. Ich weiß, so eine Frisur mit abstehenden Haaren sieht blöd aus, aber sie ist modern.

Mit den hohen Absätzen ist es ähnlich. Die hohen Absätze wurden von einer süßen kleinen Dame erfunden, die nicht immer bloß auf die Stirn geküßt werden wollte. Sie ist inzwischen Großmutter. Neulich hat sie sich einer Schönheitsoperation unterzogen. Vor dem Eingriff sagte sie: „Bitte übertreiben Sie es nicht, Herr Doktor, ich möchte nicht gern noch einmal in die Schule gehen."

Zugegeben, was die Mode betrifft, da ist mein Mann ja sehr bescheiden. So ging ich z. B. dieser Tage in eine Färberei und sagte: „Ich möchte diesen Schlips noch einmal färben lassen. Mein Mann wünscht sich diesmal zum Geburtstag einen blauen!"

Sparsamer geht es doch nun wirklich nicht. Mein Mann hat schon drei Jahre lang denselben Regenschirm. Da sagte doch kürzlich unser Hauswirt: „Wann können Sie mir den geborgten Schirm endlich zurückgeben?" – So kenne ich den Mann gar nicht. Scheinbar führt er jetzt auch neue Moden ein.

Hier spricht
das „schwache" Geschlecht!

Bei Erscheinen auf der „Bildfläche" sollte sie sich bewußt robust geben. Sie könnte als Haus- oder Putzfrau auftreten. Bei einer Karnevalsveranstaltung oder einem zünftigen Betriebsfest darf ein Eimer und ein Besen als Requisit nicht fehlen. Zwischendurch mal mit dem Nudelholz drohen erhöht die Wirkung.

Alle mal herhören, meine Damen! Es wird immer behauptet, wir seien das schwache Geschlecht. Dabei machen wir unsere ganze Hausarbeit alleine. Glauben Sie ja nicht, daß mich mein Mann auch nur einmal dabei unterstützt, Kohlen aus dem Keller zu holen – dafür ist er angeblich zu schwach. Aber hinter meinem Rücken das Dienstmädchen auf den Arm nehmen, das kann er.

Jetzt habe ich diese dumme Göre entlassen. In ihr Zeugnis habe ich unter anderem hineingeschrieben: Sie war überaus ehrlich, sie hat bei uns kein Stäubchen weggenommen.

Bei meiner Nachbarin sieht das wesentlich anders aus. Neulich hörte ich sie klagen: „Nein, es gibt heute keine Ehrlichkeit mehr unter den Menschen. Da ist doch gleichzeitig mit meiner letzten Hausgehilfin auch die große Brüsseler Spitzendecke verschwunden, die ich mit Mühe und Not über die belgische Grenze geschmuggelt hatte!"

Mein Mann hat sich seinerzeit auch so richtig in unsere Familie hineingeschmuggelt. Ich wollte ihn gar nicht haben. Wir haben uns schon sehr oft gestritten. Einmal tobte er: „So einen Mann wie ich einer bin, hast du gar nicht verdient!" „Ich weiß", lächelte ich unbeirrt, „daß ich so einen Mann nicht verdiene. – Aber leider habe ich ihn bekommen!"

Seitdem ich verheiratet bin, habe ich eine furchtbare Angewohnheit. Ich gehe nie vor drei Uhr morgens schlafen, – dann kommt mein Mann nämlich erst nach Hause.

Als er neulich einmal erst morgens nach Hause kam, habe ich ihm mit dem Nudelholz einen „Scheitel" gezogen. Danach lag er mir zu Füßen. Dann beugte ich mich zu ihm herunter und sagte: „Liebling, entschuldige bitte, ich habe ganz vergessen, daß du heute Nachtschicht hattest."

Mein Mann war früher Dompteur beim Zirkus. Er war der tapferste Mann, den ich kenne. Wenn ein neues wildes Tier kam, beschäftigte er sich sofort mit ihm. Schon nach zwei Tagen legte er so einem Löwen oder Tiger den Arm in den Rachen. Die Kollegen nannten ihn den Ritter ohne Furcht. Das war früher! Heute heißt er Pedro, der Einarmige.

Wir feierten unsere Hochzeit in Schaffhausen, darum war sie auch so ein richtiger „Reinfall". Zwar wurde mir die „Mitgift" gutgeschrieben, aber mit dem Mann wurde ich belastet.

Kürzlich fragte mich die Nachbarin: „Fehlt Ihnen etwas? Sie sehen so schlecht aus." „Ach", erwiderte ich, „ich habe drei Nächte lang nicht schlafen können, mein Mann hustet so furchtbar." „Ja, Frau Müller, haben Sie denn keinen Arzt kommen lassen," staunte die Nachbarin. „Das ist nicht mehr nötig", entgegnete ich, „ich verreise heute für drei Wochen."

Ach, das muß ich Ihnen noch erzählen. Da kam doch neulich unser Sohn Rainer in die Küche und sagte: „Mutti, im Treppenhaus stehen zwei Männer und singen!" Ärgerlich erwiderte ich: „Na, da gib jedem einen Groschen und sag, sie sollen ein Haus weiter gehen!" Darauf meinte der Kleine: „Nee, nee, das riskiere ich nicht. – Der eine ist unser Vati."

Ja, ja, meine Damen, unsere Männer haben es schwer. Früher sagte mal einer zu mir: „Ich liebe und werde geliebt." „Ein beneidenswertes Glück", entgegnete ich. „Aber nein, meine Dame", beeilte sich der Mann zu sagen. „Das ist ein entsetzlicher Zustand! Es handelt sich nicht um dieselbe Frau!"

Die Herren der Schöpfung überlassen dem schwachen Geschlecht alle Sorgen. Für meine älteste Tochter habe ich jetzt eine Lehrstelle als Verkäuferin ausfindig machen müssen. Es war nicht einfach, sie unterzubringen, sie ist so verträumt. Aber der freundliche Geschäftsführer sagte: „Sie kommt in die Abteilung für Nachthemden."

Was ich gar nicht vertragen kann, das ist der Ärger mit den Mietern im Hause. Es vergeht kaum ein Tag, an dem Frau Schulte nicht aufkreuzt, um etwas zu pumpen. Ich war fest entschlossen, diesen Zustand zu beenden. Wieder kam Frau Schulte an. „Guten Tag, Frau Müller", sagte sie freundlich, „brauchen Sie heute abend Ihren Rasenmäher?" „Ja, den brauche ich sehr dringend", log ich wütend. „Mein Mann und ich wollen heute abwechselnd im Garten den Rasen schneiden." „Das ist aber fein! Nein, wie gut sich das doch trifft", strahlte Frau Schulte. „Dann können Sie mir doch sicher mal Ihr Fahrrad ausleihen?" Diese Frau Schulte ist eine komische Person. Ich glaube, die „tickt" nicht richtig.

Die Lehrerin hat sich doch kürzlich über ihre jüngste Tochter beklagt, sie hat gesagt: „Erna, du mußt dich aber besser waschen, du riechst." Oho! Da war die „alte" Frau Schulte eingeschnappt – wie ein Vorhängeschloß. In ihrem ulkigen Deutsch schrieb sie der Lehrerin folgenden Brief: „Feines Fräulein! Klein Erna ist keine Rose. Sie sollen ihr nicht riechen, Sie sollen ihr lernen."

Die kleine Tochter sieht ihr gar nicht ähnlich. Das ist ein Glück für das Mädchen. Nee, nee, was haben wir über die Frau Schulte schon gelacht. Ich erinnere mich da an einen Vorfall, der kürzlich passierte. Erregt kam sie zum Drogisten Sumpfbiber und beschwerte sich: „Vor ein paar Tagen kaufte ich bei Ihnen ein Mittel gegen meine rote Nase. Und davon ist sie jetzt blau geworden. Das ist ein Skandal!" Der Händler nickte bedauernd: „Ich sehe es. Doch um weitere Schererereien zu vermeiden: Welche Farbe hätten Sie denn gerne?"

Ja, das Studium der Weiber ist schwer. Das sagte seinerzeit die von mir sehr geschätzte Frau Eierschmalz. Stellen Sie sich vor: Zwei Jahre haben die Eltern ihre Tochter Marie-Luise nicht mehr gesehen. Dann besuchten sie die junge Dame in ihrem schicken Appartement in der Großstadt. Frau Eierschmalz bestaunte das intime Boudoir, das breite französische Bett, die rote Beleuchtung, die vielen Perücken und die raffinierten Kleider. Und der Vater bestaunte den rasanten Sportwagen vor der Tür, die Farbfernsehtruhe, den tollen Fernsehsessel sowie die Stereoanlage. Frau Eierschmalz strahlte: Mein Kind, du hast es geschafft, wie bist du zu diesem Reichtum gekommen? „Ganz einfach, ich bin Vertreterin", erklärte die hübsche Tochter. Der Vater wurde neugierig und fragte: „Was vertrittst du denn?" „Nun", lächelte das Mädchen, „Ehefrauen, Freundinnen und andere müde Weiber."

Es gibt aber nicht nur müde Weiber, meine Damen, es gibt auch müde Männer. Ich habe so einen. Seinerzeit kam Pedro – mein Angetrauter – von einer Reise zurück, stürzte ins eheliche Schlafzimmer und schrie mich an: „Elende, ich weiß alles!" Gelassen erwiderte ich darauf: „Gib doch bloß nicht so an! Wann war denn die Schlacht im Teutoburger Wald, he?"

Ich meine, wenn unsere „Männer" nur über Dinge sprechen würden, von denen sie etwas verstehen – das Schweigen wäre bedrückend.

Meiner hat alles versprochen und nichts gehalten. Dieser Angeber. Als wir unser Aufgebot bestellten, blätterte der Standesbeamte in den Papieren herum und sagte: „Hören Sie mal, Herr Müller, da fehlt ja die Hochzeitsurkunde der Eltern! Die müssen Sie beschaffen!" „Gut" knurrte mein

„Beschützer" wütend, „aber das eine sage ich Ihnen: Wenn wir den Wisch in einer Woche nicht bekommen, dann fangen wir so an!"

Das alles sind leere Worte. Deswegen haben wir auch oft Streit. Das ist mir so peinlich – vor der Nachbarschaft. Unsere Wohnung ist sehr hellhörig. Wenn wir Streit haben, müssen wir vor der Auseinandersetzung erst die Wände zur Nachbarwohnung mit Matratzen verkleiden. Als mein Mann einmal aus dem Urlaub zurückkehrte – wir fahren getrennt in Urlaub – schlich er sich leise ins Schlafzimmer. Hier fand er mich mit seinem „besten" Freund innig umschlungen. Wütend brüllte er: „Was machst du hier?" Zuckersüß erwiderte ich: „Was soll er schon machen. Er arbeitet deine Rückstände auf!" Kennen Sie den Unterschied zwischen dem Freund des Hauses und dem Hausfreund? – Der Freund des Hauses kommt, wann er will. Der Hausfreund will, wenn er kommt.

Mein Mann ist dauernd beim Arzt. Angeblich tun ihm sämtliche Knochen weh. Ich habe ihm geraten: „Schließe doch endlich eine anständige Lebensversicherung ab, dann brauchst du nicht ständig zum Doktor zu laufen."

Sein ganzes Geld gibt er für Toto und Pillen aus. Ich kann mir überhaupt nichts leisten. Wenn das so weitergeht, muß ich mich bald auf dem Pariser Flohmarkt einkleiden.

Ich habe wirklich nichts anzuziehen. In meinem Kleiderschrank sind sogar die Motten verhungert.

Nur einmal in meinem Leben war ich in einem Hutgeschäft. Vor lauter Freude darüber habe ich achtundsiebzig Hüte aufprobiert. „Dieser Hut steht mir wunderbar!" strahlte ich. „Den nehme ich – und keinen anderen!" „Gewiß", zögerte die Verkäuferin, „aber da muß ich erst einmal den Chef fragen, ob ich den verkaufen darf. – Das ist nämlich unser Lampenschirm."

Als ich mit dem „neuen Hut" nach Hause kam, sagte ich zu meinem Oberhaupt der Familie: „Jetzt kannst du nicht mehr sagen, daß ich aussehe wie eine alte Frau." „Nein", erwiderte er gehässig, „jetzt siehst du aus wie ein alter Mann."

Neulich habe ich zu meinem Beschützer und Ernährer gesagt: „Pedro, du behandelst mich schlecht. Seit einem Jahr muß ich ständig mit demselben Kleid ausgehen." Darauf antwortete er gelangweilt: „Na und, ich seit zwanzig Jahren mit derselben Frau."

Und so einen Menschen habe ich aus reiner Liebe geheiratet. Aus Vernunft kann man einen solchen Typ auch gar nicht heiraten. Er war einmal mein Weihnachtswunsch, aber leider kann ich ihn nicht umtauschen.

Einmal hatte ich ein kleines bißchen Hoffnung auf ein besseres Leben. Mein Mann war ein halbes Jahr verschwunden. Kopfschüttelnd schaute mich der Wachtmeister Bollewetzer an: „Wieso haben Sie das Verschwinden Ihres Mannes nicht gleich der Polizei gemeldet?" Treuherzig erwiderte ich: „Wissen Sie, Herr Wachtmeister, man kann ja in der ersten Freude nicht an alles denken!"

Aber dann hat es eines Tages doch noch „geklappt". Stellen Sie sich vor: Eines Tages schellt es bei uns. Frau Schulte steht im Rahmen und sagt: „Frau Müller, erschrecken Sie nicht, aber ich muß Ihnen eine traurige Nachricht übermitteln. Ihr Mann ist eben vom Balkon gefallen und gestorben."

„Reizen Sie mich nicht zum Lachen", erwiderte ich, „ich habe aufgesprungene Lippen!"

Oh, diese Männer!

Ein Vortrag für die Fassenacht. Die Bekleidung sollte so bunt und so altmodisch sein wie nur möglich, die Haare und das Gesicht auf „häßlich" aufgemacht. Während des Vortrags sollten Sie immer mal wieder auf Ihre „Schönheit" hinweisen, von der Sie überzeugt sind und die den Männern eigentlich auffallen müßte.

Liebe Närrinnen und Narren!!! Es mag Ihnen wunderlich erscheinen, eine Frau in der Bütt zu sehen, obendrein noch so eine „Schöne" wie mich, aber glauben Sie mir, meine lieben Leidensgenossinnen, es muß sein, denn so wie bisher kann und darf es nicht weitergehen mit den sogenannten „Herren der Schöpfung".

Oder halten Sie es vielleicht für richtig, wenn ein Mann – oder sagen wir einmal die Hälfte von einem „Mann" – die Wahl des richtigen Lebenspartners mit dem Kauf von Tomaten im Supermarkt vergleicht? Eine derart deftige Methode der Verdeutlichung feiner Zusammenhänge haben mit Liebe oder Ehe nichts mehr zu tun.

Nicht ha, ha, ha! Meine Herren, was wären Sie denn ohne uns Frauen? Sie hätten nicht mal mehr einen Knopf an der Hose!

Wir dagegen stehen auf unseren eigenen Füßen, – sogar in der Straßenbahn. Ja, wie werden wir denn behandelt? Ist die verwitwete, geschiedene, ledige, kurzum die alleinstehende Frau mit ihren Hoffnungen, Sehnsüchten und Wünschen denn Freiwild??? Um mit dem anfänglichen Vergleich zu sprechen: Wie findet eine Frau die richtige Tomate im Supermarkt der Männlichkeit?

Oh, ihr Kleingläubigen! Wir Frauen sind keine Betthäschen für jedermann. Was uns manchmal für eindeutige Angebote gemacht werden, läßt sich kaum wiedergeben. Hier sträubt sich meine Zunge. Ich lege größten Wert auf sittsame Damenhaftigkeit.

Sie sollten die Männer einmal hören, die Verheirateten, hinzu kommen die Gewohnheitstrinker, die Spieler und die Rauschgiftsüchtigen. Und von allen Schlawinern, denen ein anständiges Mädchen begegnen kann, ist der überzeugte Junggeselle wohl der schlimmste für sie.

Da habe ich mal einen kennengelernt. Als Flugkapitän stellte er sich vor. Er nannte sich „Engel der Lüfte". Also, ein Luftikus war er, das muß ich auch sagen. Der Mann kam sich vor wie ein Hubschrauber. Ja, der dachte, er könnte überall landen. Bei mir hat der sogar eine „Bauchlandung" versucht. Also Junggesellen die wollen mit einem Mädchen ja überall hin – nur nicht aufs Standesamt. Junggesellen sind Männer, die lieber Strümpfe stopfen als heiraten. Das sind Männer, die jeden Morgen aus einer anderen Richtung zur Arbeit kommen. Ich kannte mal einen, der wollte mir die Sterne vom Himmel holen. Nun frage ich Sie, was soll ich mit Sternen??

Ich habe zu dem Mann gesagt: „Herr Verwaltungsinspektor, da sind Sie bei mir an der falschen Adresse. Für Ihre Scherze müssen Sie sich schon eine Dümmere suchen als mich – aber die werden Sie wohl nicht finden." Ist doch wahr! Ich meine, wo kämen wir denn hin, wenn wir uns von all den vielen liebeshungrigen Ehe- und sonstigen Männern „einseifen" lassen würden? Immer wieder wird von uns harmlosen und wehrlosen Frauen in Filmen, Büchern und Anzeigen ein völlig falsches Bild gezeigt. Apropos: Anzeige. Da las ich doch seinerzeit eine in der Zeitung: „Alter Schneebüffel sucht junges Skihäschen." Der kann lange suchen.

Nach dem Inspektor lernte ich einen anderen kennen. Ach, was war der harmlos. Der war so hilflos wie ein Schuljunge mit der Zuckertüte. Der kam aus Australien – fern jeden Verkehrs. Er sagte zu mir: „Gnädige Frau, darf ich Ihnen meinen Arm anbieten?" Ich erwiderte: „Nein, danke, ich habe selber zwei."

Meine Damen, ich protestiere! Gehen Sie mit mir auf die Barrikaden! Wenn wir zusammenhalten, dann haben die Männer verloren. Der einzige Mann, der spielt und noch nie verloren hat, ist der Pianist im Kasino von Monte Carlo.

Die Männer, diese Schufte, glauben, mit uns alleinstehenden Frauen könnten sie es machen. Damals besuchte ich in Alaska eine Silberfuchsfarm. Als ich ein besonders schönes Exemplar bewunderte, fragte ich: „Wie oft kann man eigentlich einem Fuchs den Pelz abziehen?" „Dreimal, Madame", sagte der Züchter ernsthaft, „öfter geht es nicht, das verdirbt seinen Charakter!"

Nein, meine Damen, was die Männer betrifft kann ich nur sagen: Mein Vorrat an Humor ist verbraucht. Ich habe eine ziemlich freudlose Jugend gehabt. Eigentlich könnte ich heiraten, denn ich bin ja an Kummer gewöhnt. Der Doktor, bei dem ich neulich war, der glaubte sogar ich sei verheiratet. Er sagte zu mir: „Wenn Sie nachher Ihren Mann sehen, dann sagen Sie ihm ..." „Ich habe keinen Mann", unterbrach ich den Arzt. „Nun gut! Wenn Sie also nachher Ihren Verlobten sehen ..." „Ich bin nicht verlobt!"

sagte ich trotzig. „Meinetwegen. Aber wenn Sie nachher Ihren Freund sehen…" „Ich habe auch keinen Freund, Herr Doktor!" erwiderte ich. Danach blickte der Arzt lange sinnend aus dem Fenster. „Worauf warten Sie denn?" fragte ich ungeduldig. Darauf entgegnete der Arzt: „Beim letztenmal, als das passierte, ging im Osten – in Bethlehem – ein Stern auf."

Nein, ich habe immer Pech! Kürzlich habe ich mir einen Papagei gekauft. Am Tag darauf ging ich zu dem Tierhändler und reklamierte: „Der Papagei, den Sie mir verkauft haben, ist gestorben!" „Komisch", sagte der Verkäufer, „das tat er sonst nie!"

Schon als ganz junges Mädchen hatte ich meine Sorgen. Einmal kam ich von einer Party nach Hause. Meine Mutter wartete schon auf mich. Als ich hereinkam musterte mein Fräulein Mutter mich prüfend und sagte: „Du hast im rechten Strumpf eine Laufmasche!" Schnippisch antwortete ich: „Das kommt vor." „Schon, schon", gab die Mutter zurück, „doch als du weg-gingst, war die Laufmasche im linken Strumpf!"

Auch auf Reisen hatte ich nie Glück. Ich wollte mir mal etwas gönnen, und so war ich nach Bayern in die Sommerfrische gefahren und in einem guten Hotel abgestiegen. Mitten in der Nacht rief ich den Nachtportier an: „Eben will ein Mann in mein Zimmer einsteigen." „Ich rufe sofort die Polizei!" brüllte der Portier diensteifrig und aufgeregt. „Warum denn die Polizei?" gab ich zurück. „Rufen Sie lieber die Feuerwehr. Seine Leiter ist nämlich viel zu kurz."

Am nächsten Tag, bei einer Gebirgstour, stürzte ich ab. Aber ich hatte Glück, denn ich konnte mich im letzten Moment an einer Wurzel festhal-ten und schwebte so eine Stunde über dem Abgrund, ehe ich gerettet wurde. „Das war eine Leistung", meinte der Führer der Bergwacht, „sich eine Stunde an einer Wurzel festzuhalten, freischwebend!"

„Wissen Sie", wehrte ich bescheiden ab, „darauf bin ich doch trainiert. Ich fahre jeden Tag mit der Straßenbahn ins Büro, die Männer sitzen und wir Frauen hängen an der Strippe. Da lernt man das."

Zu dem Bürgermeister des Ortes sagte ich: „Merkwürdig, jetzt komme ich doch schon lange Jahre her, und die Einwohnerzahl Ihres Dorfes ver-ändert sich nie. Bekommen denn eure Mädchen keine Kinder?" „Doch", sagte der Bürgermeister und lächelte verschmitzt, „aber jedesmal, wenn ein Mädchen ein Kind bekommt, verschwindet einer unserer Männer."

Der Schupo im Dorf war auch so ein komischer Kauz. Na, er war halt wie alle Männer. Ich sagte zu ihm: „Was habe ich da gehört, bei Ihnen ist einer tot umgefallen?" „Ja, ja, genau vor meinem Dienstzimmer", erwiderte der biedere Schutzmann. „Zuerst war natürlich große Aufregung, aber dann war es nicht so schlimm, wie wir gedacht hatten. Es war nämlich bloß einer von unseren männlichen Feriengästen."

Na ja, und der Ochsenwirt war nicht viel besser. „Was möchte die Dame essen?" fragte der Ober. Ich bestellte ein Walfischbrötchen. Nach einer Weile kam der Ober zurück. „Tut mir leid, meine Dame, da müssen Sie schon zwei Walfischbrötchen bestellen. Der Chef sagt, wegen einem Brötchen können wir keinen Walfisch anschneiden."

Auf der Rückreise sagte der Schaffner der Deutschen Bundesbahn zu mir: „Sind Sie eben zugestiegen, meine Dame?" Frostig erwiderte ich: „Ja, dachten Sie, ich wäre hier drin geboren?" Darauf konterte der Flegel: „Das ist kaum möglich, solange gibt es noch keine Eisenbahn!"

Nun ja, mir ist bekannt, daß auch dumme Menschen mitunter Weisheitszähne kriegen.

Meinen bezauberndsten „Flirt" habe ich seinerzeit am Strand von Kampen kennengelernt. Das war so ein süßer Playboy. Der ließ mir immer heißen Sand über den Rücken rollen. Das macht Spaß und kostet nichts. Später fummelte er immer an meinem Oberschenkel herum. Da habe ich ihm ein paar auf die Finger gehauen. Dann hat er aufgehört. Ja, das war ein Anfänger; aber ich habe ihn dann angelernt.

Später in der Praxis des Frauenarztes versuchte der Doktor, mein Vertrauen zu gewinnen. Er meinte: „Nun erzählen Sie mal, wie alles gekommen ist!" „Da gibt es nicht viel zu erzählen!" erwiderte ich. „Wir lagen am Strand, vor uns das Wasser, über uns die Sonne. Na ja, und aus Spaß wurde Ernst!" „Und wie ging es weiter," forschte der Arzt. Ich räusperte mich: „Ernst kann jetzt schon laufen!"

Ferienfreuden

30

Requisiten: Ein Koffer, Hutschachtel, Handtasche, Regenschirm und eine Illustrierte (eventuell Wasserball, Bademantel und Badetasche). Bekleidung: Reisekostüm, entsprechendes Schuhwerk. Die Interpretin erscheint abgehetzt und gereizt auf der Bühne. Dabei darf sie ruhig den einen oder anderen Gegenstand verlieren – um ihn unter Gemurmel wieder an sich zu nehmen –, bevor sie mit dem Vortrag beginnt.

Wenn jemand eine Reise tut, dann kann er was erzählen. Noch dazu, wenn eine Frau gar ihren Mann mitnimmt.

Jedesmal bei den Vorbereitungen zu unserer Urlaubsreise kommt mir mein Mann vor wie ein Roman: PACKEND bis zum Schluß.

Leider können wir uns nur jedes dritte Jahr eine Ferienreise erlauben. Im ersten Jahr unterhalten wir uns über die letzte, und im zweiten planen wir die nächste Reise.

Reisen bildet. Wenn etwas in einem steckt, dann kommt es auch heraus. Da hätten Sie mal meinen Mann bei seiner letzten Seereise erleben müssen.

Also auf jeder Reise macht es sich mein Mann bequem. Glauben Sie ja nicht, daß der mal einen Koffer trägt. Wenn ich ihn darauf anspreche, dann sagt er immer: „Warum soll ich mir den Abschied so schwer machen?"

Acht Tage vor der Reise sagte meine Nachbarin, Frau Schulte, zu mir: „Sie sehen ja heute so glücklich aus, Frau Müller, was ist passiert?" Ich strahlte: „Mein Mann hat einen Nervenzusammenbruch bekommen, nun müssen wir für ein paar Wochen an die Adria".

An der Adria ist es schön, da hat man das Meer direkt an der See und den Strand am Ufer. Die Frauen kommen braungebrannt – und die Männer abgebrannt wieder nach Hause. Einige Männer sind sogar durchgebrannt. Aber das kann mir ja nicht passieren. Meinen Mann will keine Frau haben.

Dafür passierte mir aber etwas anderes. Als mein Mann die Fahrkarten für einen Ausflug lösen wollte, sagte er zu dem Schalterbeamten: „Hören Sie mal, – wenn Sie selber zugeben, daß Sie noch nie einen Siebenunddreißigmarkschein gesehen haben, wieso können Sie dann behaupten, der Schein wäre falsch?"

Da war mir schon fast der ganze Spaß an der Reise vergangen. Und ich hatte mich so darauf gefreut. Ich hatte nämlich vorher an den Fremdenverkehrsverein geschrieben und ein Zimmer bestellt. Der Schlußsatz in dem Bestätigungsschreiben lautete: „Der Gemeinderat und der Fremdenverkehrsverein freuen sich schon auf Ihren Besuch, und wir werden bemüht sein, Ihnen zu einem freudigen Ereignis zu verhelfen." Unten drunter hatten sie noch geschrieben: „Bei uns ist das Wetter zwar etwas unbeständig. Man kann aber Sommer und Winter einwandfrei unterscheiden. Im Sommer ist der Regen etwas wärmer."

Vor unserer Abreise stellte sich mein Mann noch auf die automatische Waage, und dann las er mir das Orakel vor, das auf der Rückseite der Wiegekarte stand: „Sie sind überdurchschnittlich intelligent, stets charmant und von heiterem Naturell, und Sie haben überall Erfolg." „So, so," meinte ich nachdenklich. „Jetzt bin ich gespannt, ob wenigstens das Gewicht stimmt."

In unserem Abteil saßen noch zwei junge Mütter, die nährten ihre Babys. Die eine Mutter war eine Weiße, die andere eine Negerin. Plötzlich ließ das weiße Baby die Brust der Mutter los, schrie jämmerlich und brüllte: „Ich will auch Kakao!"

An der Grenze kam ein Zöllner und fragte: „Kognak? Whisky? Zigaretten?· „Nein!" erwiderte ich, „aber eine Tasse Kaffee würde ich gern nehmen." Mir gegenüber saß eine Dame, sie kaute ununterbrochen kleine braune Kerne. Ich konnte meine Neugier nicht länger bezähmen und fragte: „Verzeihen Sie, was kauen Sie denn da?" Sie lächelte: „Apfelkerne. Das fördert die Intelligenz." Ich bat darum, mir welche zu geben. „Aber gern!" sagte die Dame, „fünf Stück kosten aber immerhin drei Mark." Nun, ich zahlte, kaute eine Weile darauf herum und sagte dann: „Sie haben mich betrogen! Für drei Mark hätte ich mir ja fünf Pfund Äpfel kaufen können." Da grinste mein Gegenüber: „Sehen Sie, sie wirken schon!"

Kurz darauf mußten wir umsteigen. Der andere Zug war stark überfüllt. Ein junger Mann bot mir seinen Platz an. Erfreut über dieses sehr selten gewordene männliche Entgegenkommen bedankte ich mich überschwenglich. „Nichts zu danken", sagte der junge Mann mit der Miene eines Mannes von Welt. „Es ist schließlich Kavalierspflicht, einer Dame seinen Platz anzubieten! Die meisten Männer stehen zwar nur vor hübschen Frauen auf, doch ich mache da keinen Unterschied."

Dann nannte ich einem Mitreisenden mein Urlaubsziel und fragte: „Wann muß ich aussteigen?" Darauf erwiderte der Angesprochene: „Achten Sie nur auf mich. Eine Station bevor ich aussteige, müssen Sie raus!" Vor dem Bahnhof meines Urlaubsortes fragte ich einen Passanten: „Sagen Sie mal, fährt hier die Linie 10 vorbei?" Lächelnd kam die Antwort: „Nur indirekt, meine Dame! Eben fuhr die 7 hier vorbei, aber die 3 kommt gleich nach." Ich forschte weiter: „Verzeihung, wissen Sie vielleicht, wie lange der Autobus hält?" Da hob der Mann bedauernd die Schultern: „Genau kann ich das nicht sagen, aber wenn er solide gearbeitet ist, wohl 15 bis 20 Jahre!" Ich war sehr froh darüber, daß der Bus nun endlich kam. Auf der Fahrt wurde ich mehrmals von einem Mann angehustet, ohne daß der die Hand vor den Mund hielt. Schließlich sagte ich zu ihm: „Sie sind wirklich ein Kunsthuster." „Wieso?" fragte er verblüfft. Ich erwiderte spitz: „Weil Sie freihändig husten können."

Kaum im Kurhotel angekommen, hatte ich schon wieder Ärger. Der Portier wollte mich abweisen mit den Worten: „Bei uns sind leider alle Betten besetzt!" Aber ich ließ mich nicht beeindrucken und meinte brüsk: „Das sagen die Omnibusschaffner auch immer, und wenn dann jeder vernünftig ist und ein wenig zusammenrückt, dann kommt man immer noch 'rein." Und siehe da, plötzlich ging es.

Der Empfangschef sagte: „Da kann ich Ihnen unser Hochzeitszimmer empfehlen." „Das Hochzeitszimmer?" staunten mein Mann und ich, „was sollen wir damit? Wir sind immerhin schon zwanzig Jahre lang verheiratet!" Da lächelte der Empfangschef und sagte: „Wenn ich Ihnen unseren Tanzsaal zur Verfügung stelle, heißt das ja auch nicht, daß Sie deswegen unbedingt tanzen müssen."

Nein, „tanzen" wollten wir nun wirklich nicht. Aber spazieren gehen wollten wir. Auf einem unserer Spaziergänge fragte ich einen Einheimischen, ob die Gegend auch gesund sei. „Gesund?" brummte der steinalte Mann, „das ist gar kein Ausdruck. Hier ist seit Jahren keiner gestorben!" „So?" wunderte ich mich. „Ich traf aber eben am Ortseingang einen Leichenzug. Was sagen Sie dazu?" „Ach so!" wehrte der alte Mann ab. „Das war der Inhaber der Bestattungsfirma. Er ist hier buchstäblich verhungert."

Apropos Hunger: Um das Mittagessen einzunehmen, besuchten wir ein Gartenlokal. An der Tür hing ein Schild: Mittagessen von 12 bis 15 Uhr. Preis 12,50. „Hier gehen wir rein!" sagte ich entschlossen. „Drei Stunden lang für 12,50 essen!"

Wissen Sie, die meisten Lokale prahlen ja mit dem Werbespruch: „Hier essen Sie wie zu Hause!" Aber damit vertreiben sich viele Gastwirte eine Menge möglicher Kunden.

Vor dem Essen brachte uns der Ober eine Tasse Kaffee. Ich sagte: „Sieht nach Regen aus heute." „Ach, nehmen Sie's nicht so genau", meinte da der Ober, „ein bißchen schmeckt's doch nach Kaffee."

Danach tat ich ganz vornehm. Ich sagte: „Herr Ober, bringen Sie mir bitte ein Kompo!" Nun fragte der Ober: „Was darf's denn sein? Apfelmu, Birn oder Anana?"

Mein Mann nahm zunächst erst einmal eine Maß Bier und zwei Brötchen. Der Kellner kam, die Hände voller Bierkrüge. Er langte die Brötchen unter den Armen hervor. Darauf sagte mein Mann: „Nanu, die Brötchen sind ja ganz feucht!" „Ganz natürlich", strahlte der Ober, „da langen Sie einmal her, wie ich schwitze!"

Unterdessen studierte ich die Speisekarte und fragte dann den Kellner: „Was ist eigentlich der Unterschied zwischen dem Braten zu 14 Mark und dem zu 15?" Der Ober lächelte: „Der zu 15 Mark schneidet sich besser, gnädige Frau." „Aha, der ist wohl zarter?" forschte ich. „O nein!" flötete der Ober, „zu dem servieren wir schärfere Messer!" Ich ließ Braten Braten sein, und bestellte uns ein Huhn. Auf dem Vieh habe ich so lange herumgekaut, bis es mir zu bunt wurde. Schließlich klagte ich: „Herr Ober, dieses Huhn besteht ja nur aus Haut und Knochen!" „Sehr wohl," beschwichtigte mich der dienstbare Geist, „ich werde Ihnen sofort die Federn dazu servieren!"

Am Nebentisch saß ein Ausländer, der die deutsche Sprache nicht richtig beherrschte. Er fragte den Ober: „Was ist das Tier auf diese Hof da vor dem Tür?" „Ein Hahn, mein Herr." „Bon! Und wie heißen die Frau von der Hahn?" – „Huhn, mein Herr." „Ah, oui! Und wie heißen das Kinder von der Huhn und die Hahn?" Der Ober lachte: „Das sind Küken, mein Herr." „Exquisit! Und wie heißen die Küken vorher?" „Eier, mein Herr." „Bien, bien! Bringen Sie mir davon zwei Stück in eine Glas?"

Mein Mann saß während dieser Zeit immer noch über seiner Suppe. Plötzlich rief er: „Herr Ober, da ist eine Fliege in der Suppe!" „Nicht mehr lange", meinte dieser, „Sehen Sie die Spinne am Tellerrand?"

In diesem Augenblick machte auch ich eine unangenehme Entdeckung und rief: „Das ist ja die Höhe! Da ist eine Schnecke im Salat!" Darauf schwärmte der Ober: „Das ist ja primal Dann bleibt das Wetter heute schön!"

Als wir uns dann ernsthaft über das Essen beklagten, sagte der Ober: „Ihnen schmeckt also unser Essen nicht. Dann sollten Sie einmal nebenan in den Schnellimbiß gehen. Da essen sogar die Mäuse auswärts!"

Zu allem hat der Ober auch noch das Datum bei der Rechnung mitgezählt. Darauf angesprochen erwiderte er: „Natürlich! Zeit ist Geld!"

Bei der Abreise stand das ganze Personal, Portier, Oberkellner sowie Zimmermädchen bereit, um das Trinkgeld in Empfang zu nehmen. Junge, in dieser Hinsicht ist mein Mann ja ein Schotte. „Mein Herr" sagte der Portier, „wenn Sie sich in unserem Hotel wohlgefühlt haben, dann dürfen Sie sich ohne Hemmung erkenntlich zeigen."

„Selbstverständlich", nickte mein Mann, wendete sich an mich, und dann riefen wir auf Kommando: „Das Personal des Hauses lebe hoch, hoch, hoch!"

Eine schöne Bootsfahrt haben wir auch gemacht. Mein Mann war ängstlich und beschwor mich, ich sollte mich ja in die Mitte des Bootes setzen und ruhig bleiben. „Denk mal", meinte er zitternd, „wenn du mit mir hineinfällst. Das gäbe doch eine Katastrophe." Ich antwortete beruhigend: „Hab' keine Angst! Ich bin einmal mit dir hereingefallen. Ein zweites Mal passiert mir das nicht wieder."

Einmal haben wir Camping gemacht, an einem schönen Bergsee. Mein Mann lag dauernd im Wasser. Dann habe ich zu ihm gesagt: „Komm endlich heraus. Bei deinen schmutzigen Füßen ist das glatte Umweltverschmutzung."

Auf so einem Campingplatz sind ja überwiegend junge Leute. Die sind sehr „flott". Diejenigen, die damals bei uns waren, nahmen erst „Hasch Hasch". Und dann ging es husch, husch, in die Zelte.

Morgens um 5 Uhr lief einer mit der Glocke auf dem Zeltplatz herum und rief: „Alles auf die eigenen Plätze!"

Auf dem Campingplatz hat es sehr viele Stechmücken gegeben. Mir haben sie mächtig zugesetzt. Aber meinem Mann hat das gar nichts ausgemacht. In der ersten Hälfte der Nacht war er immer so betrunken, daß er die Stiche nicht gespürt hat. Und in der zweiten Hälfte der Nacht waren die Viecher so betrunken, daß sie nicht mehr stechen konnten.

Mein Mann hat von der schönen Aussicht nicht viel mitbekommen. Er hatte nur ein Bierglas dabei, – und kein Fernglas.

Ganz in der Nähe war ein uraltes Kloster. Es lag direkt am See, und dieser hat ein berühmtes Echo. Auf einem kleinen Hügel in der Nähe stand ein Gedenkkreuz. „Warum steht hier ein Kreuz?" fragte ich einen Einheimischen. „Weil hier vor Jahren eine Touristin verrückt geworden ist", antwortete dieser. „Nanu!" sagte ich, „wie ist denn das passiert?" „Ach, sie wollte immer das letzte Wort haben."

In diesem Augenblick schob eine Ordensschwester einen Kinderwagen an uns vorbei. Lächelnd meinte ich: „Schwester, ist das im Kinderwagen ein süßes Klostergeheimnis?" – Giftig gab sie zurück: „Nein, das ist ein Kardinalsfehler!"

Was alltags
so passiert

*Die Vortragende betritt in der Aufmachung einer biederen Hausfrau die
Szene. Ein Kopftuch und ein Staubwedel sollten nicht fehlen. Der Ort des
„Geschehens" kann eine Bühne oder auch ein größeres Gastzimmer
sein. Die Wirkung wird erhöht, wenn „sie" einen mitleidigen und abge-
spannten Eindruck macht.*

Seinerzeit ging ich zum Arzt. Der stellte fest, daß ein freudiges Ereignis
bevorsteht.
„Das kann nicht sein", meinte ich verwirrt. „Ich war noch nie mit einem
Mann zusammen!" – „Nun", meinte der Arzt, „überlegen Sie doch mal."
Ich überlegte und flüsterte: „Nun ja, vor drei Monaten, da habe ich in
einem See gebadet und wäre fast ertrunken. Da hat mich ein Mann geret-
tet. Oh, Herr Doktor, dieser Schuft hat zu mir gesagt, das sei künstliche
Beatmung!"
Ich bin froh, daß ich vor meiner Ehe einen einsichtigen Chef hatte. Er
schaute mich damals über seine Brillengläser vorwurfsvoll an und grollte:
„Fräulein Pack, jetzt haben Sie schon viermal Sonderurlaub erhalten, einmal, weil Sie Ihren Freund im Krankenhaus hatten, einmal zur Beerdigung
Ihrer Schwiegermutter, einmal, als Ihr kleines Mädchen die Masern hatte,
und einmal, um Ihren Jungen taufen zu lassen. Und weswegen, zum Teufel, wollen Sie jetzt Urlaub haben?" „Jetzt" strahlte ich, „will ich endlich heiraten!"
Haben Sie auch eine Familie zu Hause? Nein! Ach, dann könne Sie ja gar
nicht mitreden. Also, neulich sollte meine Tochter zum erstenmal auf
einen Ball gehen. Dazu wünschte sie sich brennend ein schulterfreies
Abendkleid, doch mein Mann war dagegen. Er sagte: „Du bist noch zu
jung, um dich so gewagt zu kleiden." Junge, da denke ich ja moderner. Ich
mischte mich ein und entschied: „Sie soll erst einmal ein schulterfreies
anprobieren. Wenn es oben bleibt, dann ist sie alt genug."
Das wäre ja noch schöner. Also um es gleich vorweg zu sagen, bei uns zu
Hause, da bestimme ich. Wenn ich zum Beispiel zu meinem Mann sage:
„Erich, ich gehe jetzt in den Keller Holz hacken", dann tue ich das auch.

Von Beruf ist mein Mann Anstreicher, seitdem bin ich die Lackierte. Ab und zu arbeitet er einige Wochen auswärts. Als wir uns das erstemal trennten, sagte er: „Bleib mir treu, wenn ich fort bin."

„Du kannst beruhigt fahren", beschwichtigte ich ihn. „Der Wunsch, dich zu betrügen, kommt mir immer nur dann, wenn ich dich sehe!"

Um ehrlich zu sein, ich gehe nur deswegen mit anderen Männern aus, weil ich meinen eigenen schonen will. Neulich war ich mit einem älteren Herrn in einer Waldlichtung. Nach einer Weile seufzte ich: „Ach, Schatz, es ist schrecklich, wie du mit den Zähnen klapperst!" Darauf meinte der alte Herr: „Wenn es dich beruhigt, Kleines, stecke ich sie in die Hosentasche!"

Mein Mann sagt immer zu mir: „Alle Frauen haben Musik im Blut – aber du nur einen Trauermarsch."

Ab und zu frage ich ihn, was ich kochen soll. Dann sagt er immer: „Koch was du willst, nur keinen Sauerbraten, das ist nämlich mein Lieblingsgericht." Einmal fragte ich ihn: „Erich, was ist eigentlich ein Schöffengericht?" – „Schau doch nach", brummte er, „wozu hast du denn ein Dutzend Kochbücher herumliegen?"

Unter uns gesagt: Mein Mann ist in jeder Beziehung dämlich. Einmal brüllte er, als er unvermutet nach Hause kam und mich mit einem fremden Mann im Bett vorfand: „Was tut ihr da eigentlich?" „Na, was habe ich dir gesagt", wandte ich mich an meinen Liebhaber, „da siehst du selber, wie dämlich er in diesen Dingen ist!"

Und furchtbar kleinlich ist dieser Mann. Er kriegt jedesmal einen Tobsuchtsanfall, wenn er einen Liebhaber bei mir aufstöbert, der gerade seine Nachthemden anprobiert.

Vor kurzem waren wir fünfundzwanzig Jahre verheiratet. Mein Mann meinte: „Wollen wir unsere silberne Hochzeit feiern?" Ich entgegnete darauf: „Ach, warten wir noch fünf Jahre und feiern dann den dreißigjährigen Krieg."

Seitdem ich einen Freund habe, hat unser ehelicher Kahn ein Leck. Ich werfe meinem Mann das Trinken vor und er mir das Essen nach.

Kürzlich kam mein Mann überraschend von einer Geschäftsreise zurück. Ich lag schon im Bett. Plötzlich fiel sein Blick auf den Aschenbecher, in dem eine qualmende Zigarre schwelte. „Woher kommt diese Zigarre?" herrschte mein eifersüchtiger Mann mich an. Ich schwieg und zog die Bettdecke über den Kopf. „Ich will wissen, woher die Zigarre kommt, oder es passiert ein Unglück!" brüllte er mich an. Da tönte eine leise Stimme aus dem Kleiderschrank: „Aus Havanna, mein Herr, aus Havanna!"

Manchmal glaube ich, mein Mann ist verrückt. Ich bin deswegen schon beim Psychiater gewesen und habe gesagt: „Sie müssen unbedingt meinen Mann untersuchen. Wenn der samstags in die Badewanne geht, dann nimmt er jedesmal zehn Papierschiffchen mit." „Aber liebe Frau Müller", meinte der Arzt, „da machen Sie sich mal keine Sorgen, das ist das Kind im Manne." „Kind hin, Kind her", entgegnete ich, „aber vorher ruft er immer die Wetterwarte von Helgoland an und läßt sich die Sturmwarnungen und Gezeiten durchgeben."

Da ich es manchmal nicht mehr aushalte, habe ich schon an Scheidung gedacht. Ich bin auch beim Anwalt gewesen. Dieser fragte: „Welchen Grund wollen Sie angeben, Frau Müller?" Ich erwiderte: „Mein Mann schnarcht jede Nacht." „Na hören Sie mal," meinte der Anwalt, „das ist doch kein Scheidungsgrund!" – „O doch, Herr Rechtsanwalt," protestierte ich energisch, „er schnarcht nämlich jede Nacht in einem anderen Bett!"

Um auf andere Gedanken zu kommen, vergnüge ich mich hin und wieder beim Kaffeekränzchen. Leider müssen wir uns immer sehr laut unterhalten, denn unser Papagei macht einen Heidenlärm. Neulich wurde es meiner Freundin zu bunt, und ärgerlich meinte sie: „Du, Edeltrud, so einen Krachmacher wie euren Papagei hätte ich aber schon längst verkauft!" – Ich seufzte: „Das möchte ich ja auch, aber er weiß schon zuviel!"

Denselben Ärger haben wir mit unserer Hausgehilfin. Zugegeben, sie ist ein bildhübsches Mädchen. Leider hat sie ein geschwollenes Auge. Ja, sie hat Zug durchs Schlüsselloch bekommen.

Seinerzeit fragte ich sie: „Minna, warum pfeift mein Mann so fröhlich?" Darauf antwortete die Perle: „Ich habe ihm aus Versehen statt Haferflocken Vogelfutter gegeben."

Ich meine, sie ist überhaupt etwas ungeschickt und ein wenig zerstreut. Am Sonnabend hat sie doch aus „Versehen" Babys Decke aus dem Fenster fallen lassen. Ich sagte darauf zu ihr: „Sie sind aber unbeholfen. Jetzt wird Baby sich erkälten." „Aber nein, Frau Müller", entgegnet Minna, „Baby war doch in der Decke drin."

Solche kleinen Scherze darf man heutzutage einer Hausangestellten nicht übelnehmen. Sonst bekommt man keine mehr. Zugegeben, unsere Minna ist nicht mehr die Jüngste. Sie ist Witwe. Sie wissen doch, bei einer Witwe muß man vorsichtig sein. – Da ist schon einer dran kaputt gegangen.

Kürzlich kam Minna vom Friedhof, gerade erst hatte sie ihren Mann beerdigt. Da trabte auch schon ein neuer Verehrer hinter ihr her. Er machte ihr eindeutige Angebote. Da sagte sie empört: „Sie sollten zumindest warten, bis ich meine Trauerkleider abgelegt habe!" Da erwiderte der junge Mann: „Sie haben recht, auf die fünf Minuten kommt es jetzt auch nicht mehr an!"

Jawohl, so und nicht anders sind die Männer, meine Damen! Wer kann es uns verdenken, wenn wir ihnen einen Denkzettel verpassen? Lassen Sie mich zum Schluß erzählen, wie ich es gemacht habe. Also, eines Tages kam mein Mann zu früh nach Hause und überraschte mich mit seinem besten Freund. „Fatale Geschichte!" meinte er. Er beschloß: „Wir werden uns duellieren." Dann nahm er seinen „Freund" mit ins Nebenzimmer und sagte zu diesem: „Wir schießen uns natürlich nicht, sondern knallen bloß in die Luft. Dann legen wir uns beide auf den Boden, und zu wem meine Frau zuerst stürzt, der muß sie nehmen!" Gesagt – geschehen. Ich stürzte nach dem Knall ins Zimmer, sah die beiden am Boden liegen, wendete mich zum Kleiderschrank und rief: „Du kannst jetzt rauskommen, Liebling, sie sind beide mausetot!"

Die Männer
sind an allem schuld!

Bei diesem Auftritt sollte sich die Dame wie ein Mädchen kleiden. Ein Dirndl wäre gut. Ort der Handlung frei nach Wahl. Es wäre recht hübsch, wenn die ersten beiden Sätze gesungen werden könnten, denn der Text wurde vertont und hat eine wohlklingende Melodie. Selbst bei einer weniger guten Stimme ist das Ganze effektvoller.

Wir armen, armen Mädchen sind, ach, so übel dran. Ich wollt, ich wär kein Mädchen, – ich wollt', ich wär ein Mann.

Meine Güte, wie oft habe ich mir das schon gewünscht. Wenn ein Mann viele Liebesabenteuer hat, dann ist er „ein interessanter Schwerenöter" und ein Herzensbrecher. Hat hingegen eine Frau viele Liebesabenteuer, dann ist sie ein „Flittchen", ein „amorales Geschöpf". Geht ein Mann gern und viel aus, dann ist er „lebenslustig". Eine Frau ist im gleichen Fall „vergnügungssüchtig". Heiratet ein Mann nicht, dann ist er ein „gescheiter Junggeselle". Heiratet aber eine Frau nicht, dann ist sie eine „alte Jungfer", die gerne heiraten wollte, aber keinen Mann bekam. Ein Mann um die fünfzig ist angeblich „in den besten Jahren". Eine Frau im gleichen Alter ist eine „alte Schachtel". Männer, die sich im Pensionsalter noch einmal verlieben, „erleben den zweiten Frühling". Frauen in der gleichen Lage sind nach Meinung der andereren „mannstoll" und von der „Torschlußpanik" besessen. Wenn ein Mann mit der Faust auf den Tisch schlägt, dann ist das ein Beweis dafür, daß er die Hosen anhat. Bei einer Frau würde man sagen, sie ist „streitsüchtig und hysterisch". Ein Mann, der keinen besonderen Wert auf sein Äußeres legt, ist „salopp" gekleidet. Eine Frau in der gleichen Lage „läßt sich gehen" und ist eine „Schlampe".

Sehen Sie: das Ankleiden ist für Mädchen im Alter von 15 Jahren eine Arbeit; für Damen zwischen 20 und 30 Jahren ein Vergnügen, für Frauen aber über 40 eine Kunst. Meine „Freundin" sagte erst kürzlich zu mir: „Edeltrud, wie reizend du wieder aussiehst, meine Beste! Was mußt du für eine Mühe gehabt haben!" „Nicht der Rede wert", gab ich höhnisch zurück, „dein Kleid ist übrigens auch reizend. Je öfter ich es an dir sehe, desto besser gefällt es mir".

41

Können Sie nun verstehen, warum ich gerne ein Mann sein möchte? Ein Mann, der sich in Gesellschaft an der Seite einer Frau aufhält, ist ein aufmerksamer und treuer Ehemann. Eine Frau, die das gleiche tut, ist eine „unbeholfene, dumme eifersüchtige Gans". Man kann unzählige Beispiele aufführen, die beweisen, wie unendlich weit wir Frauen noch von der vielgerühmten „Gleichberechtigung" entfernt sind. Wieviele Männer geben das Geld leicht aus, ohne schief angesehen zu werden. Das sind keine Hochstapler, sie sind auch nicht leichtsinnig, nein, sie sind großzügig. Eine Frau dagegen kann nicht wirtschaften und ist verschwenderisch. Ein Mann, der nur selten Geld ausgibt, ist kein Schotte, der ist auch nicht knauserig, – nein, er ist ein treusorgender Familienvater. Von der Frau würde man sagen: Die ist geizig, die sorgt nur für sich. Ein Mann, der viel redet, ist geistig rege, ein guter Unterhalter und über alles bestens orientiert. Was würde man in diesem Falle von einer Frau sagen? Diese Schnattergans, dieses Klatschweib geht mir auf die Nerven. Wenn die den Mund aufmacht, dann lügt sie, und wenn sie ihn zumacht, dann hat sie gelogen. Ist das nicht so, meine Lieben? Wie lange wollen wir uns das noch gefallen lassen? Überhaupt: Die Männer sind komische Burschen. Vor der Ehe tun sie, als wäre alles erlaubt und in der Ehe, – als wäre alles verboten. Vor einigen Jahren hat mir doch so ein Knabe während der Eisenbahnfahrt den Geldbeutel gestohlen. Zur Bahnpolizei habe ich gesagt: „Als Dieb kommt nur der Herr in Frage, der mit mir im Abteil gesessen hat." „Wo hatten Sie den Geldbeutel?" wollte der Beamte wissen. Errötend und zögernd erwiderte ich: „Hier in meinem Blusenausschnitt, – ich dachte, der Mann hätte ehrliche Absichten". Wir Frauen haben anständige Männer gern, aber an den Windhunden hängen wir mit abgöttischer Liebe.

In meiner Jugend hatte ich einen vielversprechenden Anfangserfolg: in vierzehn Tagen war ich schon zweimal verlobt. Meine erste Verlobung ging wegen meines Papageis in die Brüche. Er rief immer: „Gib mir noch ein Küßchen, Otto!" Doch mein Verlobter hieß Walter.

„Darf ich Sie küssen, Fräulein Edeltrud?" fragte mich ein neuer schüchterner Verehrer. Ich aber schwieg. „Nur einen einzigen Kuß!" bettelte der Jüngling weiter. Ich schwieg immer noch. „Sind Sie denn taub?" fragte der junge Mann schließlich: „Nein", erwiderte ich, „ich bin nicht taub, aber Sie scheinen gelähmt zu sein. Wer zu küssen versteht, kommt mit wenigen Worten durchs Leben."

In einem Monat mußte ich dreimal den Verlobten wechseln, so unbeständig sind die Männer. Ich war nicht nur eine Dame aus gutem Hause, –

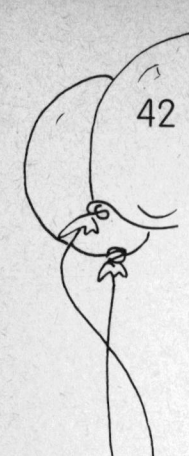

es gehörte auch mir. Das beste Mittel für eine Frau, nicht an gebrochenem Herzen sterben zu müssen, besteht darin, es stets nur in Bruchstücken zu verschenken. Davon habe ich reichlich Gebrauch gemacht. Einer war so wahnsinnig in mich verliebt, der wollte mich am liebsten auffressen. Ja, dem hatte der Doktor reizlose Kost verordnet.

Die Männer sind wie Zähne. Erst kriegt man sie unter Schwierigkeiten, und wenn man sie hat, bereiten sie Schmerzen und Ärger, doch wenn sie weg sind, hinterlassen sie eine große Lücke. Wegen meines Mannes mußte ich neulich auch den Arzt aufsuchen. Ich sagte: „Herr Doktor, ich mache mir Sorgen um meinen Mann. Manchmal kann ich stundenlang auf ihn einreden, um dann feststellen zu müssen, daß er überhaupt nicht zuge- hört hat." „Liebe gnädige Frau." erwiderte der Arzt, „das ist doch keine Krankheit, – das ist eine Begabung." Begabung nennen die Herren der Schöpfung das! Wenn die Männer nur einen Bruchteil der guten Eigen- schaften hätten, die sie sich andichten, dann wäre es ein Vergnügen, mit ihnen zu leben. Aber so, wie die Herren sich das denken, so geht es nicht, meine Damen! Wir dürfen uns das nicht gefallen lassen. Ich bin erst kürz- lich beim Anwalt gewesen und habe laut verkündet: „Mein Mann und ich wollen uns scheiden lassen, und zwar wegen Willensgleichheit." „Wegen Willensgleichheit?" staunte der Anwalt. „Da brauchen Sie sich doch nicht scheiden zu lassen. Wenn beide Partner in der Ehe immer dasselbe wol- len, dann geht die Ehe doch gut." „Nein," sagte ich streng, „sie geht eben nicht gut. Die Willensgleichheit besteht bei uns darin, daß ich Herr im Hause sein will, und mein Mann auch." …

Mein Mann ist jetzt um die Fünfzig, und der zweite Frühling meldet sich stürmisch. Ich bin jetzt fünfundvierzig und ahne seine Seitensprünge. Gestern abend ging er, eine geschäftliche Verabredung vorschützend, wieder alleine aus. Ich war darüber sehr wütend und zischte: „Das eine sage ich dir: Wenn du mich betrügst, springe ich aus dem Fenster!" Erst heute morgen kehrte er heim. Ich stand am Fenster, als er den Garten betrat. Lächelnd winkte er zu mir hinauf und rief gut gelaunt: „Spring, Liebling, spring!"

Cocktail der Liebe

Ein Vortrag für alle Gelegenheiten, Feste und Feierlichkeiten, auf denen etwas „los" ist. Ein Kleid mit einem großen Herz auf der Brust oder mit mehreren kleinen wäre angebracht. Geben Sie sich bewußt liebebedürftig, aber ansonsten von der Liebe enttäuscht. Lassen Sie die Männer spüren, daß Sie nicht viel von der sogenannten Liebe halten.

Welche Frau möchte nicht geliebt werden, oder einmal von der Liebe reden. Es gibt sogar Frauen, die ausschließlich von der Liebe leben. Das sind diejenigen „Damen", die in den Abendstunden versuchen, sich auf der Straße durch langsames Gehen ein gutes Fortkommen zu verschaffen. Diese Frauen haben meistens eine Vorliebe für fremde Sprachen, fremde Länder und fremde Männer. Aber darüber wollen wir jetzt nicht sprechen. Liebe ist wie Husten, man kann sie nicht unterdrücken. Es gibt drei Dinge, die man nicht verbergen kann: einen Bauch, einen Schnupfen und die Liebe. Gegen die Waffen der Liebe gibt es einfach keine Verteidigung. Wir alle wissen aus eigener Erfahrung: Die Liebe ist ein Ring, und ein Ring hat kein Ende.

Aber die Liebe bringt auch Sorgen und Kummer, wer wüßte das nicht? Ein weiser Mann hat einmal gesagt: „Liebeskummer ist wie ein Diamant, man sollte ihn mit ‚Fassung' tragen."

Ich meine, Liebschaften sind wie Pilzgerichte: ob sie ungefährlich waren, weiß man erst später. Deswegen sagen ja auch einige Leute: In der Liebe gibt es nur einen Sieg: Die Flucht!

Bekanntlich laufen die Männer so lange hinter den Frauen her, bis jeder von einer Frau eingeholt wird. Es gibt durchaus Männer, die nur Anständigkeit atmen – doch leider haben sie meist Asthma.

Ein Mann will stets die erste Liebe im Leben eines Mädchens sein, ein Mädchen aber zieht es meist vor, die letzte Liebe eines Mannes zu sein. Zugegeben, es gibt auch Mädchen, die einem Mann sagen: „Also gut, auf eine Tasse Kaffee dürfen Sie zu mir herauf. Aber eins vorweg: Im Bett wird nicht geraucht!"

Eine Frau, die sich in der Liebe hingibt, glaubt, dem Manne eine ganze Welt zu schenken, während der Mann der Ansicht ist, nur ein Spielzeug empfangen zu haben. Die meisten Männer möchten eine keusche Frau

heiraten, doch vor der Ehe bemühen sie sich unentwegt, die Keuschheit auszurotten. Liebe Leidgeprüfte, lassen Sie sich das nicht länger bieten! Es ist viel schwerer, einen Geliebten wieder loszuwerden, als einen anderen zu erobern. Wir Frauen haben anständige Männer gern, doch leider geraten wir oft an die unanständigen, und an diesen Windhunden hängen wir auch noch mit abgöttischer Liebe.

Wenn die Männer nur einen Bruchteil der guten Eigenschaften hätten, die sie sich andichten, dann wäre es ein Vergnügen, mit ihnen zu leben. Unbeständig sind sie alle. Junge Damen aber auch. Als beispielsweise Petras letzter Verlobter sie am Samstagabend abholen wollte, fand er einen Zettel an der Türe: „Liebling! Ich muß ganz rasch mit meinen Eltern verreisen. Wir sehen uns kommende Woche. Petra. PS. Laß den Zettel bitte hängen, damit alle Bescheid wissen!"

Die Weisheit über die Liebe, die wir im Alter besitzen, ist nur ein schwacher Trost für die Dummheiten in der Liebe, die wir in der Jugend versäumen. Wenn z. B. ein Mann behauptet, er vermöge den Verführungen der Liebe zu widerstehen, dann ist das meist nur deshalb der Fall, weil keine an ihn herantreten. Ein Mann, der über die Liebe lacht, gleicht einem Kind, das nachts im Wald singt. Beide haben Angst.

Übrigens, da kenne ich ein Pärchen, das schlenderte eines Tages durch den Wald und fand schließlich ein lauschiges Plätzchen. Er küßte sie zärtlich und fragte: „Schatzi, wollen wir hier picknicken?" „Ja", hauchte sie, „aber vorher möchte ich noch etwas essen!" Später sagte die Mutter dieses Mädchens zu mir: „Frau Müller, meine Tochter trägt schwer an den Folgen einer unglücklichen Liebe!" Ich tröstete sie: „Abwarten. Nach der Entbindung wird es wieder leichter."

Mit der Liebe ergeht es den Menschen oft wie mit den hübschen Dingen in einer Schaufensterauslage, die nur noch halb so aufregend sind, hat man sie erst einmal zu Hause. Kürzlich sagte ich zu meinem Mann: „Ich glaube, du liebst mich nicht mehr. Früher hast du immer meine Hände gehalten." Wissen Sie was er darauf zu mir sagte? – „Seit wir das Klavier verkauft haben, erübrigt sich das ja."

Ehe man verheiratet ist, hat man viele Theorien über das Führen einer guten Ehe, ist man dann verheiratet, hat man sehr bald keine mehr. Es ist ein Kreuz mit den Männern. Paßt ihnen etwas nicht, dann werden sie gleich historisch – sie zählen alte Geschichten auf. Liebe ist die höchste der Freuden und der grimmigste der Schmerzen. Man sagt nicht umsonst: Der Ehestand ist eine Prozession, bei der immer auch das Kreuz mitgeht.

Wenn ein Mann zu lieben aufhört, beginnt bei ihm die Freundschaft, wenn eine Frau zu lieben aufhört, beginnt bei ihr der Haß.

Ich kenne ein Ehepaar, das ist seit zwanzig Jahren verheiratet und immer noch toll verliebt: Sie in ihren Psychiater und er in seine Sekretärin.

In der Liebe verlieren die Männer ihren Verstand, aber wir Frauen finden ihn. Es gibt nur eine Liebe, die sich nie über Untreue beklagen kann: Die Eigenliebe. Ich kenne drei Arten von Liebe. Die Liebe zum Tier. Die Liebe zwischen Mann und Frau. Und – die „lieben Verwandten". Verwandte sind immer lieb. Die einen wenn sie kommen, die anderen wenn sie gehen.

Wo die Liebe spricht, so meine ich, darf man alle Hürden der Etikette blindlings überrennen. Das war auch die Meinung eines jungen Mädchens, dem der Offizier eines Handelsschiffs eine Heiratsantrag machte. „Ich weiß", sagte er, „ich sehe nicht gerade blendend aus, ich habe eine platte Nase, vorstehende Zähne und eine halbe Glatze." – „Aber das macht gar nichts", fiel ihm das Mädchen ins Wort, „Sie sind ja die meiste Zeit auf See."

Als mein Mann damals um meine Hand anhielt, sagte mein Vater zu ihm: „Meinetwegen. Lassen Sie Ihre Adresse hier, ich werde Sie vormerken. Wenn sich nichts Besseres findet, hören Sie wieder von mir." Leider fand sich dann wirklich nichts Besseres. Auch mein Vater hatte sich damit abgefunden. Allerdings meinte er eines Tages zu mir: „Edeltrud, ich habe ja nichts dagegen, wenn dein Erich abends bei dir noch etwas sitzen bleibt, aber eines geht mir über die Hutschnur, daß er beim Weggehen immer die Morgenzeitung mitnimmt!"

Lieben und einen Mann erobern ist für eine Frau das Schönste auf der Welt. Das zweitschönste für sie ist, den Mann wieder los zu werden. Bei mir war es damals Liebe auf den ersten Blick. Ich hätte doch noch einmal hinblicken sollen.

Aus Liebe kann man direkt verrückt werden, – das ist klar, sonst würden ja nicht so viele Leute heiraten. Von hundert Männern lieben vielleicht zehn wirklich, – die anderen wollen doch nur versorgt sein. Die meisten suchen nur ein Abenteuer. Am schlimmsten sind die Ehemänner. Sie grasen mit Vorliebe an der äußersten Grenze ihrer Bewegungsfreiheit.

Bevor ich heiratete, ging ich erst einmal in ein Heiratsinstitut. Das ist ein Treffpunkt für Leute, die zu wenig Bekanntschaften haben, oder zu viele hatten. Der erste Mann, der mir dort angeboten wurde, sah weder gut aus, noch war er klug. Aber er hatte rund 200 000 mildernde Umstände. Junge, der Freiherr ging vielleicht ran. Das Wort „Stop" kannte er nur, wenn er ein

Telegramm aufgab. Spätabends schlenderten wir einmal auf der Uferpromenade. Zwischen den Sträuchern hatte er eine Bank entdeckt. Wir saßen eine Weile, dann flüsterte er: „Liebling, laß uns eine Dummheit machen!" – „O ja," erwiderte ich erfreut, „komm, wir werfen die Bank um!"

Einmal brachte ich diesen Mann mit zu uns nach Hause. Brummig meinte mein Vater zu meiner neuen Eroberung: „Ich mache Sie darauf aufmerksam, mein Herr, daß bei uns das Licht um 10 Uhr ausgeschaltet wird." „Ist mir recht", erwiderte dieser Lustmolch, „ich bin ohnehin nicht gekommen, um zu lesen!"

Liebe macht blind, heißt ein Sprichwort. Ich bin da anderer Ansicht. Liebe läßt uns gewöhnlich mehr sehen, als in Wirklichkeit vorhanden ist. Ich kann Ihnen sagen, die Liebe ist hart. Meine frühere Chefin sagte immer zu mir: „Edeltrud, ich erwarte in einigen Minuten Herrenbesuch. Sollte ich laut um Hilfe rufen, dann gehen Sie sofort ins Kino!"

Kürzlich traf ich einen lieben, alten Freund wieder! Ich fragte: „Gustl, warum bist du so sauer?" „Ach, Edeltrud", stöhnte er, „ich hab' meiner Reserl, die droben auf der Alm ist, jeden Tag einen Liebesbrief geschrieben. Nun kriegt sie ein Kind vom Landbriefträger!"

Da können Sie sehen, was die Liebe aus den Menschen macht.

Nein, es ist keine Liebe mehr unter den Menschen. Bitte, ich kann das beweisen. Da saß ich doch neulich im Park auf einer Bank. Schon kam ein junger Mann daher, setzte sich neben mich und fragte: „Lohnt es sich, Sie anzusprechen, oder erwarten Sie schon jemand?"

Als ich noch jung war, ging ich schrecklich gern tanzen. Auf einem Ball sagte ich einmal zu einem Herrn: „Ihren Namen habe ich vergessen, aber Ihre Füße kommen mir bekannt vor."

Er lächelte mich an und sprach: „Gnädiges Fräulein, die Welt war eine Wüste für mich, ehe ich Sie kennenlernte." „Schon möglich", erwiderte ich spitz, „Sie tanzen ja auch wie ein Kamel!"

Aber der Bursche ließ sich nicht entmutigen. Nach dem Tanz setzte er sich zu mir an den Tisch. Er starrte mich an und sagte: „Ich störe doch nicht etwa?" – „Aber keineswegs", flötete ich, „ich war schon vorher schlechter Laune!"

Mit aller Gewalt versuchte der Jüngling, mich in Stimmung zu bringen, indem er sagte: „Ich möchte Ihre rosenroten Lippen küssen!" „Geht nicht", sagte ich schroff, „aber Sie können eine Ohrfeige von einer lilienweißen Hand haben!"

Ein amüsantes Erlebnis hatte ich im vergangenen Sommer. Ich spazierte

durch den Zoologischen Garten. Hinter mir schlenderte ein Herr. Schließlich sprach er mich an: „Verzeihung, meine Dame, hatte ich nicht schon
mal das Vergnügen?" „Nicht, daß ich wüßte!" erwiderte ich. „Doch, doch",
lächelte der Mann, „vorhin am Affenkäfig, da haben Sie mich angesehen!" „Ach ja", rief ich aus, „jetzt erinnere ich mich! Aber sagen Sie mir: Wie
sind Sie bloß herausgekommen?"

Einen ganz frechen Draufgänger lernte ich seinerzeit auf der Autobahn
kennen. Ein schnittiger Sportwagen hielt neben mir Anhalterin. Ich wollte
nach München. „Sie sind heute schon die dritte Schwangere, die ich mit-
nehme", sagte der Fahrer. „Wieso?" staunte ich, „ich bin doch gar nicht
schwanger." Darauf entgegnete der Unmensch: „Na, wir sind ja auch
noch nicht in München!"

Im geselligen Kreis sagte kürzlich jemand: „Liebe ist ein Hauptwort und
wird groß geschrieben." „Keineswegs", entgegnete ich, „für mich ist es ein
Verhältniswort." Und der Senior der Gesellschaft, der schon über 80 Jahre
zählte, murmelte: „Für mich ist es zu einem Fremdwort geworden."

„Was ist denn nun wirklich die wahre Liebe?" fragte ich kürzlich einige
Fachleute. Der Arzt sagte: „Die Liebe ist eine Krankheit, bei der die Beteilig-
ten sofort ins Bett müssen." Der Kaufmann sagte: „Liebe ist ein mieses
Geschäft, bei dem man mehr hineinsteckt, als herauskommt." Der Jurist
meinte: „Liebe ist ein Prozeß, bei dem auch der Unterlegene zu seinem
Recht kommt." Der Kammersänger sagte: „Liebe ist ein Duett, das sehr
leicht zum Trio werden kann." Da kann man nur sagen: „Er äugelte lieb, sie
fehlte im Tritt, die Folge vom Trieb: Jetzt san'se zu Dritt!"

Was die Frauen
so von den Männern halten

Sie treten ganz als Dame auf. Geben Sie sich selbstsicher und selbstbe-
wußt. Bedenken Sie, Sie brechen eine Lanze für Ihre Geschlechtsgenos-
sinnen. Ihre Einstellung und Gestik ist absolut gegen die Männer gerich-
tet. Behandeln Sie die „Herren der Schöpfung" einmal so richtig von
oben herab. Die Sympathien sind auf Ihrer Seite – auch die der anwesen-
den Männer.

Meine sehr verehrten Damen und – da Sie nun schon mal hier sind –
Herren!
Letztere machen, wie ich sehe, ein Gesicht wie ein zerknittertes Sofakissen. Aber das wollen wir, meine Damen, erst gar nicht zur Kenntnis nehmen. Wissen Sie, ich richte mich nach den drei Affen der indischen Weisheit: nichts hören, nichts sehen, – nichts reden.
An Stelle einer überflüssigen Rede, die ich hier eigentlich halten wollte,
halte ich lieber den Mund. Da sehe ich schon einige „Herren" in sich hin-
eingrinsen. Liebe Leidensgenossinnen, laßt euch von den Männern nur
nichts bieten! Meine Nachbarin verprügelt ihren Mann dreimal am Tag.
(Nachts schläft sie.) Er ist ja auch selbst schuld. Überall erzählt er, er sei
unglücklich verheiratet! Das braucht sich heutzutage keine Frau gefallen
zu lassen. Und schlagen, na, das wäre ja wohl das letzte. Frauen schlägt
man nicht! Beißen, spucken und treten laß ich mir noch gefallen, aber
schlagen?!
Wir Frauen müssen auf Draht sein. Wer nur vernünftig ist, führt ein trauriges
Leben. Ein reines Gewissen hat mancher nur deshalb, weil er es selten
benutzt. Wir Frauen leben zwar manchmal über unsere Verhältnisse, aber
noch lange nicht standesgemäß.
Ich war mal mit einem Seemann verlobt, der fuhr für 18 Monate nach Australien. Als er zurückkam, hatte ich Zwillinge bekommen. Sie verstehen –
ein Zwilling kommt selten allein.
„Du elendes Geschöpf warst mir untreu!" hat er gesagt. Junge, da lief mir
aber ein grauer Streifen über den Rücken. An und für sich habe ich ja
Geduld wie ein Karussellschimmel, aber da war mir doch der Gedulds-

faden gerissen. „Was willst du Seebär? – Jedes Kind ist neun Monate unterwegs. Da liegen zwei Kinderchen in ihrem Heiabettchen. Zweimal neun Monate macht nach Adam Riese achtzehn, und da behauptest du nachgemachter Sockengeneral, ich wäre dir untreu gewesen?"

Danach sind dem vor Rührung die Tränen am Rücken heruntergelaufen. Nee, nee, wer bei mir „A" sagt, der muß auch „limente" sagen! Gewiß, viel Geld haben, ist Sünde, wenig haben aber eine noch größere.

Ich sage mir immer: Widersprich nie einem Mann – er tut es schon selber. Wissen Sie, was eine Frau nach langjähriger Ehe an ihrem Mann reizt? Jedes Wort! Viele Männer sind so gut erzogen, daß sie nicht mit vollem Mund sprechen. Aber sie haben keine Bedenken, es mit leerem Kopf zu tun. Meiner hat in letzter Zeit immer so strahlende Laune. Aber ich werde schon herausbekommen, weshalb. Wo eine Pille – ist auch ein Weg.

Meine Damen, vergessen Sie nie die Zärtlichkeit. Mein letzter Schwarm, Erich hat er geheißen, war immer zurückhaltend und still. Stundenlang saß der Mini-Liebhaber neben mir auf der Bank. Er stierte auf die Erde, und ich guckte in den Mond. Schließlich munterte ich ihn auf. Ich habe zu ihm gesagt: „Schnucki, sag mir doch mal was ganz Süßes!" Da schaute er mich an und flüsterte: „Marzipan!"

Das war derselbe, den ich ein paar Wochen zuvor in der Straßenbahn kennengelernt habe. Und das kam so: Im Gedränge legte er seine Hand auf meine Schulter. Ich fauchte ihn an: „Können Sie Ihre Hand nicht woanders hinlegen?" „Oh", erwiderte er charmant, „das möchte ich jetzt noch nicht wagen, wir kennen uns ja kaum!"

Ich war damals auf dem Wege zu einer Wahrsagerin. Da habe ich mir aus der Hand lesen lassen. Die Dame sagte: „Sie werden schnell 50 Pfund zunehmen. Dann bringt man Sie auf den Schlachthof, – Wurst und Schinken werden aus Ihnen gemacht." Darauf sagte ich: „Moment mal, – ich will nur eben meine Schweinslederhandschuhe ausziehen!"

Kürzlich lernte ich einen kennen – mit einer neuen Ansprechmasche. Er sagte: „Verzeihen Sie, mein Fräulein, ich bin hier fremd. Könnten Sie mir den Weg zu Ihrer Wohnung zeigen?"

Dieser Mann lebte in der Liebe sehr diät und wollte ab sofort bei mir wieder auf sexuelle Vollkost umsteigen. Er wollte mich ständig begleiten. Ständige Begleiter sind Männer, die mit einer Frau überall hingehen, bloß nicht aufs Standesamt.

Apropos Standesamt. Als mein Mann und ich damals die Stufen vom Standesamt herabschritten, blieb ich stehen. „Ist etwas, mein Liebling?"

erkundigte sich mein frischgebackener Brötchengeber. Ich sagte: „Jetzt habe ich doch meine Handschuhe liegenlassen. Heute mache ich nichts als Blödsinn!"

Die Männer glauben, das Lächeln auf dem Gesicht einer Braut sei Glück. In Wirklichkeit ist es Triumph.

Meine Freundin sagte damals zu mir: „Wie kannst du nur so einen großen Mann heiraten?" Ich antwortete: „Keine Bange, den werde ich schon noch klein kriegen."

Einmal hat er mittags beim Essen geweint. Ich sagte darauf: „Nun hör doch auf, am Tisch zu heulen, – wofür haben wir denn unseren Weinkeller?"

Gestern hat er auch wieder gejammert. Beim Bildaufhängen hat er den falschen Nagel getroffen. Bei einem Ehekrach seufzte er einmal tief auf: „Möchte bloß wissen, wo ich meinen Kopf hatte, als ich dir einen Heiratsantrag machte!" Darauf entgegnete ich: Das kann ich dir genau sagen – an meinem Busen!"

Die Männer sind wie Streichinstrumente: Wenn nichts mehr hilft, muß man andere Saiten aufziehen. Meine Nachbarin sagt immer: „Männer sind wie Sicherungen; wenn die Spannung im Hause zu groß wird, brennen sie durch." Aber zum Durchbrennen hat meiner keine Möglichkeit.

Mein Mann hat Rheuma. Rheuma ist bestens geeignet, Männer von Seitensprüngen abzuhalten.

Neulich wollte mein Bester aufmucken – er wollte frech werden. Als ich aus der Stadt nach Hause kam, saß er im Wohnzimmer und versuchte mühsam, einen Knopf anzunähen. „Ach, Erich", sagte ich, „der Fingerhut sitzt ja auf dem falschen Finger!" Da schrie er mich an: „Stimmt genau, mein Schatz, er sollte auf deinem sitzen!"

Als er einmal krank war, sagte ich zu unserem Mädchen: „Minna, legen Sie dem gnädigen Herrn eine Flasche ins Bett, er fühlt sich heute nicht wohl!" Darauf zwitscherte sie: „Kognak oder Whisky?" Wie sagt man doch: Männer sind wie Babys; wenn man sie trockenlegt, schreien sie.

Das Glück der verheirateten Frauen bilden die vielen Männer, die sie nicht geheiratet haben. Sie können mir glauben, meine Damen: Die Ehe ist eine Schlacht, die auf wenigen Quadratmetern Kriegsschauplatz entschieden wird. Daß die Ledigen mehr Steuern zahlen als Verheiratet, betrachte ich als gerechten Ausgleich für ihre Freiheit. Wenn ich ehrlich sein soll, muß ich Ihnen sagen, daß wir uns nach fünfundzwanzigjähriger Ehe noch so gut vertragen wie am ersten Hochzeitstag. Da hat mir mein Mann beim

Frühstück einen Teller an den Kopf geworfen. – Und das tut er heute noch.
Männer verstehen es auf mannigfache Art, sich an einer Frau zu rächen.
Die subtilste Art besteht oft darin, sie ein ganzes Leben nicht zu verlassen.
Neulich äußerte mein Angetrauter und Vater von fünf Kindern einen
schrecklichen Verdacht. „Höre, Traudi", sagte er finster, „mir scheint, der
Oskar ist nicht von mir!" „Wie kannst du nur so etwas behaupten", entrüstete ich mich, gerade der Oskar ist von dir!"
Gestern habe ich zu ihm gesagt: „Erich, wenn du Wert darauf legst, daß wir
uns nach unserem Tode wiedersehen, dann werde ich mir vom Himmel
Urlaub geben lassen und dich einmal in der Hölle besuchen."

Bürogeflüster

Nirgends wird mehr getratscht und geklatscht als im Büro. Ein Grund mehr, um das Thema „Büro" aufs Korn zu nehmen. Nehmen Sie kein Blatt vor den Mund, reden Sie frei von der Seele. Wenn die Möglichkeit gegeben ist, dann richten Sie im Hintergrund – mit ein paar Requisiten (Schreibtisch, Papierkorb, Stuhl, Telefon etc.) eine Amtsstube ein.

Arbeit macht das Leben süß, – aber ich kann keine Süßigkeiten vertragen. Als ich seinerzeit im Büro erschien, sagte mein Chef zu mir: „Frau Müller, wie kommt es, daß Sie heute schon wieder zu spät kommen?" Kleinlaut erwiderte ich: „Ich bin die Treppe heruntergefallen." „Ach so", meinte er lakonisch, „dann hätten Sie doch eigentlich zu früh hier sein müssen." Dann sagte mein Chef noch: „Sie kamen am 20. Dezember 1973 zu spät und heute schon wieder. Das scheint sich bei Ihnen wohl langsam einzubürgern?"

Ich erinnere mich genau, damals sagte mein Chef zu mir: „Frau Müller, Sie hätten pünktlich um acht Uhr hier sein müssen." „Wieso?" erwiderte ich erstaunt, „war denn etwas Besonderes los?" Darauf wurde er ganz böse und schimpfte: „Sie sagen doch immer, daß Sie für zwei arbeiten, – deshalb ist es doppelt schlimm, wenn Sie zu spät kommen." Unser Abteilungsleiter hat mir darauf zum Geburtstag einen Wecker geschenkt.

Über der Tür zu unserem Büro hat der Chef ein Schild mit folgender Aufschrift anbringen lassen: „Die Damen und Herren werden gebeten, das Büro nicht früher zu verlassen, als sie gekommen sind!"

Einmal kam unser Abteilungsleiter zu spät. Vorwurfsvoll sagte der Chef: „Herr Schulte, ich an Ihrer Stelle wäre überhaupt zu Hause geblieben!" – „Verzeihen Sie, Herr Direktor", entgegnete Herr Schulte, „aber dann haben Sie ein wenig entwickeltes Pflichtgefühl!"

Mein Chef war immer schon komisch. Als ich damals meine Kaufmannsgehilfenprüfung bestanden hatte, bat er mich zu sich und sagte: „Liebe Edeltrud, da heute deine Lehrzeit beendet ist, werde ich nicht länger du zu dir sagen. Du brauchst jetzt nicht mehr morgens Staub zu wischen. – Das werden Sie von jetzt ab tun."

Dieser Tage ließ der Chef mich rufen. Er hatte gehört, daß ich mir während der Bürostunden die Haare habe färben lassen. Freundlicherweise wurde

ich von ihm dann weiterbedient. – Er hat mir ganz gehörig den Kopf gewaschen.

Anschließend hat er mich sogar noch zum Wintersport eingeladen. Er
sagte: „Mit Ihnen werde ich noch Schlitten fahren!"

Arbeit ist schön! Man kann stundenlang zusehen. Für mich ist die Arbeit
das einzige Vergnügen. – Aber wir sind ja nicht nur zum Vergnügen auf
der Welt. Sehen Sie, ich sage mir, lieber vormittags nichts tun, als nachmittags arbeiten. Mein Chef sagte einmal zu mir: „Frau Müller, was Sie da
machen ist keine Arbeit – sondern Krankengymnastik. Deswegen
bekommen Sie von mir auch kein Gehalt, sondern Schonbezüge."

Im letzten Monat mußte unser Chef die Gehälter in sehr verschmutzten
Scheinen auszahlen. „Haben Sie Angst vor Bakterien?" fragte er mich
scherzend. „Ganz und gar nicht", erwiderte ich trocken, „denn von so
kleinen Gehältern können keine Bakterien leben."

Auf mich ist der Chef sehr schlecht zu sprechen. Und das kam so: Wir
hatten mal wieder ein Betriebsfest. Da hielt der Chef eine Rede, und die
schloß mit folgenden Worten: „Es lebe das Personal!" Da bin ich aufgestanden und habe mit lauter Stimme gerufen: „Wovon denn, Herr
Direktor, – bei den miesen Gehältern?"

Unsere Chefsekretärin, die hat es besser. Die hat schon wieder eine
Gehaltsaufbesserung bekommen. Der Hausmeister hat sie dann gefragt:
„Fräulein Krause, wie machen Sie das nur?" Schnippisch erwiderte sie
darauf: „Selbst wenn ich es Ihnen sagen würde, – es würde Ihnen wohl
kaum etwas nützen!" O ja! Unser Fräulein Krause ist eine tüchtige Kraft. Sie
hat zwei Berufe. Am Tage ist sie im Büro und schreibt zweihundert Fehler
in der Minute. Und in der Nacht ist sie „Schriftstellerin", – dann macht sie
Geschichten.

Ein paar Monate nach dem letzten Betriebsausflug betrat Fräulein Krause
tränenüberströmt das Büro des Chefs. „Herr Direktor", schluchzte sie, „ich
komme soeben vom Betriebsarzt. Ich erwarte ein Baby." „Na, na, mein
Kleines", tröstete sie der Chef, „so schlimm ist das ja auch nicht. Da wird
eben geheiratet. – Übrigens, wer ist denn der Vater?" Fräulein Krause
wurde rot und meinte: „Genau weiß ich es nicht. Aber auf keinen Fall ist es
Herr Schulte. – Der war nämlich beim Betriebsausflug nicht dabei!"

Ich habe sie später im Krankenhaus besucht. Sie machte sich große Sorgen. Ich habe sie dann getröstet und gesagt: „Fräulein Krause, beruhigen
Sie sich doch wegen Ihrer Stellung. Im Büro hat noch kein Mensch
gemerkt, daß Sie fehlen."

Man hat schon seine Last. Neulich kam ich dazu, wie ein junger Mann ein Lehrmädchen küßte. Ich rief ihm zu: „He! Sie sind hier nur als Stift angestellt, – aber nicht als Lippenstift."

Geist hat der Bengel noch nie besessen, – höchstens Weingeist. Jetzt hat er sich einen Bart wachsen lassen. Ich meine, der Bart steht ihm ganz passabel, – da weiß man wenigstens, wo vorne ist! Kürzlich fragte ihn der Chef: „Na, Herr Maier, haben Sie heute schon etwas eingenommen?" Darauf grinste er: „Ja, zwei Spalttabletten."

Wenn man den jungen Mann arbeiten sieht, dann möchte man glauben, er habe die Zeitlupe erfunden. Der hat bei uns alles so durcheinandergebracht, daß wir ohne ihn gar nicht mehr fertig werden. Kürzlich habe ich ihn einmal gefragt: „Herr Maier, geht denn bei Ihnen überhaupt etwas schnell?" „O ja", lächelte er unbeirrt, „ich werde immer sehr schnell müde!" Nun, ich habe ihm ein paar Flaschen Underberg zur Verfügung gestellt, damit wenigstens sein Magen arbeitet.

Eines Tages ist unsere Chefsekretärin bei einem Autounfall ums Leben gekommen. Hierdurch ermutigt, habe ich den Personalchef gleich gefragt: „Könnte ich nicht den Platz von Ihrer verstorbenen Sekretärin einnehmen?" „Aber sehr gern, Frau Müller", strahlte der Chef, „ich werde sofort mit der Friedhofsverwaltung sprechen."

Nachmittags kam ein Besucher und fragte: „Darf ich den Herrn Direktor sprechen?" Lächelnd antwortete ich: „Der Herr Direktor ist sehr beschäftigt, – aber wenn es sich um eine dringende Angelegenheit handelt, dann kann ich ihn ja wecken."

Als ich das getan hatte, meinte der Chef augenzwinkernd zu mir: „Wollen wir über's Wochenende miteinander verreisen?" „Aber gern", sagte ich keß, „ich bringe dann meinen Mann mit." „Wozu denn das?" fragte er. „Nun ja", flötete ich zuckersüß, „vielleicht will Ihre Frau auch ein bißchen Spaß haben!"

In der Zeitung hatte ich gelesen, daß die Firma Zicke & Draht noch Leute einstellt. Kurz entschlossen ging ich hin und sagte: „Herr Zicke, ich glaube, daß Sie mit mir zufrieden sein werden. Ich bin Sekretärin, habe schon am Ladentisch verkauft und kann mit Vertretern umgehen." – „Oh, das ist sehr gut", meinte er. „Aber Sie müßten sich allerdings auch um meinen Hof kümmern, meine Kinder erziehen, meiner Frau im Haushalt helfen, die Kühe melken und das reife Obst von den Bäumen herunterholen."

„Entschuldigen Sie", unterbrach ich ihn, „haben Sie feuchten Lehm?", „Feuchten Lehm? – Wozu?" fragte er verwirrt. „Nun ja", meinte ich trocken,

„dann repariere ich in meiner Freizeit auch noch Ihren Dachschaden!"
Nach dieser Pleite habe ich mich an das Arbeitsamt gewandt. Sachlich
fragte mich der freundliche Vermittler: „Können Sie Englisch?" Ich strahlte:
„Jawohl! Ich habe ein ganzes Jahr lang die englische Krankheit gehabt! –
Aber leider muß ich zugeben, daß ich in Steno und Schreibmaschine nicht
besonders flott bin. Es wäre mir sehr lieb, wenn Sie einen Chef für mich
hätten, der stottert."
Der Vermittler schüttelte sein greises Haupt und meinte: „Bei der Schwa-
nen-Wäscherei ist noch etwas frei, dort könnten Sie sofort anfangen." –
„Ich möchte schon", zögerte ich, „aber das eine muß ich Ihnen sagen, ich
habe in meinem Leben noch nie einen Schwan gewaschen."
Meiner Vorstellung fieberte ich förmlich entgegen. Ich stellte mich vor
meinen neuen Chef, fegte mit meinem rechten Arm alles restlos vom seinem Schreibtisch herunter und sagte: „So, Herr Direktor, nun will ich erst
mal Platz schaffen für meine Empfehlungsschreiben. – Und hier habe ich
eine Empfehlung vom Herrn Pfarrer." – „Ach", unterbrach mich da der Chef,
„haben Sie nicht eine von jemand, der Sie werktags beobachtet hat?"
Dann meinte er noch: „Wir haben gegenwärtig nicht genügend Arbeit für
eine neue Kraft." „Ach, wenn es nur daran liegt", rief ich erfreut, „Sie glauben gar nicht, mit wie wenig Arbeit ich schon zufrieden bin."
Der nächste Chef, bei dem ich vorsprach, rückte seine Brille zurecht, lehnte
sich in seinen Sessel zurück und sagte: „Ihre Vorgängerin mußte ich leider
entlassen. Die halbe Zeit hat sie im Dienst geschlafen. Glauben Sie, daß
Sie die Dame ersetzen können?" Freudig erregt erwiderte ich: „Aber sicher
doch, Herr Direktor! Schlimmstenfalls kaufe ich mir ein paar Schlaftablet-
ten." Dann ergriff ich die Initiative, kramte alle Unterlagen hervor und
sagte: „Oh, Verzeihung, da habe ich Ihnen wohl ein falsches Blatt gegeben. Das bin ich im Badeanzug – und dies hier sind meine Zeugnisse."
Der Herr Direktor sah es mit Wohlwollen, meinte aber: „Warum haben Sie
denn keinen Lebenslauf eingereicht, Frau Müller?" „Ach Herr Direktor",
lächelte ich, „den kann ich Ihnen doch heute abend bei einem Glas Wein
erzählen." Dann wurde er ernst und fragte: „Was hatten Sie denn als
Gehalt gedacht?" Zögernd erwiderte ich: „für den Anfang 1500." Der Chef
strahlte: „1500? – Mit Vergnügen." „O nein", sagte ich bestimmt. „Mit Vergnügen mindestens 2000."
Einige Monate später sagte unser Kassierer zum Chef: „Herr Direktor, ich
mache Sie darauf aufmerksam, daß gelegentlich der bevorstehenden
Feier zum hundertjährigen Bestehen unserer Firma das gesamte Perso-

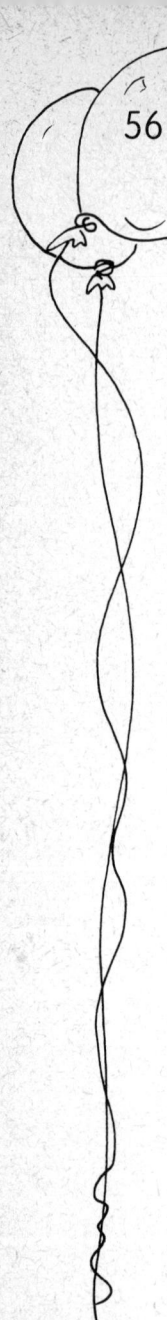

nal mit einer Gehaltsaufbesserung rechnet!" „Wie – das gesamte Personal?" staunte der Chef. „Ausgeschlossen! Höchstens diejenigen, die bereits seit Gründung der Firma bei uns tätig sind!"

Unser Kassierer war ein raffinierter Kerl. Der nahm immer Abmagerungspillen. Mit einer harmlosen Entfettungskur fing er an, wurde von Tag zu Tag weniger – und eines Tages war er ganz verschwunden. Als der Chef das erfuhr, fiel er fast in Ohnmacht und stöhnte: „Frau Müller, haben Sie schon im Geldschrank nachgesehen?" „Ja, ja", sagte ich, „aber da ist der Kassierer auch nicht drin!"

Kurz nachdem sich die Firma von dem finanziellen Rückschlag erholt hatte, betraten zwei maskierte Männer unsere Kasse. Einer der Männer schrie: „Hinlegen, Überfall!" Alles ließ sich auf den Bauch fallen. Nur Fräulein Lieblich aus der Buchhaltung warf sich auf den Rücken. Ich sah das und rief: „Fräulein Lieblich, Fräulein Lieblich, drehen Sie sich doch um. Das ist ein Überfall und kein Betriebsfest!"

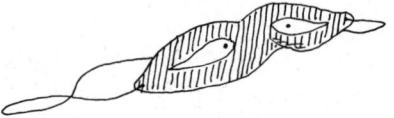

Spaß muß sein!

Nun, wem sagen Sie das? So richtig auf Tante Emma kostümiert wäre vielleicht schon das Richtige. Reden Sie frei von der Leber weg, etwa so, wie mit der Nachbarin im Treppenhaus. Sie sind der „Hahn im Korb", und das sollen die „Herren" da unten auf ihren bequemen Stühlen zu spüren bekommen. Heute sind Sie am Zuge, die anwesenden Damen werden es Ihnen danken.

Kürzlich kam doch so ein menschenähnliches Wesen – er gab an, daß er ein „Mann" sei, – auf mich zu und sagte: „Ich bin jung, ich bin schön, ich bin faul, gar nicht reich, aber begehrenswert. An meiner Seite brauchen Sie auf Liebesglück nicht zu verzichten. Um ein langes kurz zu machen, ich möchte Sie ein bißchen heiraten." Dann meinte er noch: „Sie sind ein nettes Mäuschen, – ich hätte Sie gern mal in der Falle."
Sie, ich kann Ihnen sagen, ich war erschüttert bis in die Wurzeln meines Stammbaums. Der Kerl sah vielleicht aus, na, das war so eine Mischung zwischen Brandstifter und freiwilliger Feuerwehr. Der Mann kam aus einer Gegend, in der man die Fahrkarten mit der Pistole locht. An und für sich bin ich ja sehr tierliebend, denn erst neulich hatte ich zuerst einen Affen, dann einen Kater und danach einen Hering. Aber all das zusammen war mir noch lieber als dieser Schürzenjäger. Ich habe dann zu diesem nachgemachten Menschen gesagt: „Kerl, verschwinden Sie, ich könnte Sie essen ohne Senf. Stellen Sie sich mit einem Kranz auf den Friedhof und warten Sie – bis Sie dran sind."
Meine Damen, müssen wir uns so etwas bieten lassen? Wo bleibt denn in solchen Fällen die Polizei – dein Freund und Helfer? Aber nicht einmal mehr vor der Polizei sind wir sicher. Das haut ja die Katze vom Teller. Ich habe da neulich einen Polizisten im Gemüseladen kennengelernt. Er stand direkt hinter mir. Der Mann war ganz nervös, denn er trat immer von einem Fuß auf denselben. Er trug einen Bart und versuchte, mich immer anzulachen. Der Mann kam sich vor wie Ibn Saud zu seiner Glanzzeit. Leider gingen ihm die Ideen schneller aus als die Worte. Ich sagte: „Ach bitte, machen Sie sich wegen mir doch keine anderen Umstände."
Ehrlich gesagt, ich habe das Gefühl, als würde ich hier nicht ernst genommen! Erst dachte ich, der Herr dahinten in der letzten Reihe lacht über

meine Witze. Das stimmt aber gar nicht, – der hat sich zur Aufheiterung einen Spiegel mitgebracht.

Ich bin überzeugt, meine Herren, Sie werden sich heute abend vor Begeisterung noch auf die Schenkel klopfen. Benutzen Sie aber Ihre eigenen, denn der Nachbar könnte auf die Inanspruchnahme seiner unteren Extremitäten sauer reagieren.

Es soll ja Männer geben, die ihrem Vordermann vor lauter Begeisterung mit der flachen Hand auf die Glatze schlagen, aber davon wachsen die Haare auch nicht wieder.

Ich schwärme für Männer mit so kurzen Haaren, denn wenn wir Frauen dann mal etwas falsch machen – außer heiraten –, stehen sie ihnen wenigstens nicht mehr zu Berge.

Wenn mich die Lehrerin früher an den Haaren zog, dann wünschte ich mir, keine zu haben – so wie der Herr dahinten! Was nehmen Sie zum Frisieren: Kamm, Bürste oder Bohnerwachs? Also, wenn ich Ihnen einen Rat geben darf, dann nehmen Sie im Sommer einen Schwamm und im Winter einen Staubwedel. Mein Herr, Sie brauchen sich nicht zu genieren. Auch eine Glatze hat ihre Vorteile. So sind zum Beispiel Glatzköpfe die friedfertigsten Menschen – denn sie liegen sich nie in den Haaren. Meine Damen, heiraten Sie einen Mann mit Glatze. Männer mit Glatze sind fromm. In der Bibel steht geschrieben: „Selig sind die, die ausharren!"

Bei einem Kostümball hat ein Mann mit Glatze sogar den ersten Preis bekommen, – als Hubert von Meyerinck mit Lockenwicklern.

Kürzlich sagte ein Gammler zum anderen: „Pfui Teufel, schämst du dich denn gar nicht, mit einer Glatze am Kinn herumzulaufen?"

Ja, und an der See hörte ich einmal eine Schöne zu Ihrem Strandlöwen sagen: „Schade, mein Lieber, bei dir sind gar keine Wellen, nur Strand!"

Mein Opa, der hat auch schon alles versucht, um seine Haare wiederzukriegen. Einmal kam ein Vertreter zu ihm an die Tür. Da fragte der Opa: „Ist das Haarwuchsmittel, das Sie mir da empfehlen, auch wirklich gut?" „Aber ganz bestimmt", schwärmte der. „Kürzlich sind ein paar Tropfen davon auf meinen Hausschlüssel gefallen, da ist sofort ein neuer Bart nachgewachsen."

Ein Bekannter von mir ist auf dem Kopf ebenso glatt wie unter den Fußsohlen. Das ist so ein Kohlrabi-Apostel. Unter den Geschäftsleuten würde man sagen: Billardkugelinhaber. Der ist für den nächsten Krieg gerüstet. Er trägt einen Naturstahlhelm. Der ist von der Mauser befallen. Ja, der ist im Hochparterre so abgegrast wie der Strafraum auf dem Fußballplatz.

Apropos: Fußball. Da las ich doch neulich eine Heiratsanzeige: Bin blond, 30 Jahre alt, 188 groß, muskulös, von Beruf Fußballspieler und habe an zehn Stellen meines Körpers den Namen „Gitti" eintätowiert. Suche baldigst junges Mädchen gleichen Vornamens kennenzulernen.

Ich sagte zu mir, dem Manne kann geholfen werden.

Unser erstes Schäferstündchen hatten wir in der Nähe eines Bauernhofes. Aber wir hatten Pech, denn der Kettenhund war los. Ich lief zum nächsten Telefon und bat: „Kommen Sie schnell, Herr Doktor! Der Schäferhund bekommt die Zähne nicht mehr auseinander!" „Aber das ist doch Sache des Tierarztes!" sagte der aus dem Schlaf gerissene Arzt unwillig. „Nein", erwiderte ich ganz aufgeregt, „eben nicht! Das Bein meines Freundes steckt dazwischen!"

Später lag er im Krankenhaus. Ich machte mich auf, ihn zu besuchen, und auf dem Krankenhauskorridor erkundigte ich mich bei einer attraktiven Schwester nach dem Wohlbefinden meines Freundes. „Da kann ich Sie vollkommen beruhigen", lachte die Krankenschwester, „Ihr Freund befindet sich auf dem Wege der Genesung, denn gestern abend bekam er die erste Ohrfeige von mir!"

Einen Tag nach Silvester lag er schon wieder im Krankenhaus. Am Aschermittwoch habe ich ihn besucht – früher konnte ich nicht. Vinzenz, so hieß er, hatte es arg erwischt. Beide Beine lagen in Gips. „Gut, daß du kommst", stöhnte der Bedauernswerte, als er mich erblickte. „Wie konnte das nur passieren? Warum mußte es zu dem Unglücksfall kommen?" „Nun ja", räusperte ich mich, „wir haben anständig gefeiert. Wir haben vier Flaschen Sekt und zehn Schnäpse getrunken." „Und was war dann?" wollte Vinzenz wissen. „Dann haben wir noch einen Zug durch die Gemeinde gemacht." „Und wie ging es weiter?" fragte er wißbegierig. „Dann haben wir noch acht Flaschen Bier getrunken." „Ja, ja, schließlich war Silvester. Aber wie kam es zu dem Unfall?" Ich lächelte gequält und wollte nicht mit der Sprache raus. Schließlich erklärte ich: „Dann bist du auf den Balkon gegangen. Du wolltest unter allen Umständen zum Mond fliegen, hast die Arme ausgebreitet und dich fallenlassen." „Aber, Schneeflöckchen, warum hast du mich nicht aufgehalten?" Unschuldig erwiderte ich darauf: „Ich habe in dem Moment fest daran geglaubt, daß du es schaffen würdest."

Frauen
haben es schwer

*Spielen Sie die wehleidige, die unverstandene Ehefrau. Anfangs läßt sich
die Wirkung durch langsames, weinerliches Vortragen steigern. Auch
hier gilt es, – wie in fast allen Beiträgen dieses Büchleins – das starke
Geschlecht nach Lust und Liebe zu verschaukeln. Nutzen Sie die Gelegenheit dazu in der Bütt, zu Hause wird sie sich nicht so leicht einstellen.*

Da meine selige Mutter in ihrer Ehe viel mitmachen mußte, hatte ich mir
vorgenommen, niemals zu heiraten. Aber dann blieb mir doch nichts
anderes übrig, als in den Hafen der Ehe einzulaufen, denn mein Verlobter
hatte beim Faulenzen so viel zugenommen, daß der den Verlobungsring
beim allerbesten Willen nicht wieder vom Finger herunter bekam!
Viele Verlobungen enden glücklich, aber einige führen doch zur Ehe.
Eines müssen Sie sich merken, meine lieben Mittrauernden: Ein Mann
kann noch so schlecht sein, zur besseren Hälfte einer Frau reicht es noch
immer.
Vorher war ich zu zwei Dritteln schon mal verheiratet. Der Pastor war da,
ich war da, nur der Bräutigam kam nicht. Das war auch gut so, denn der
Kerl war schon verheiratet. Er sagte immer zu mir: Wir Männer brechen die
Treue nicht, – wir unterbrechen sie höchstens. Und auf so etwas Dummes
fallen wir Frauen auch noch herein. Alles Menschliche ist begrenzt, nur die
menschliche Dummheit nicht.
Meine lieben Leidensgenossinnen, ich kann Ihnen nur sagen: Der Flirt ist
ein Spiel mit dem Feuer, und Hochzeit ist fahrlässige Brandstiftung. Aber
was soll man machen. Wenn keiner mehr heiraten würde, dann müßte
der Klapperstorch stempeln gehen.
Wir haben unsere Hochzeit nur vormittags gefeiert. So war wenigstens
nicht der ganze Tag verloren.
Als wir damals das Aufgebot bestellten, fragte der Standesbeamte: „Sind
Sie miteinander verwandt oder verschwägert?" Errötend erwiderte ich: „Ein
bißchen schon, wir haben nämlich sechs Kinder miteinander."
Dann fragte er noch: „Wie alt sind Sie?" Ich überlegte und sagte: „Na, warten Sie mal. Da muß ich erst einmal rechnen. Als ich das erstemal heira-

tete, war ich siebzehn. Mein Mann war neunundzwanzig. Jetzt ist er doppelt so alt. Also bin ich vierunddreißig."

Ich habe meinen Mann durch die Zeitung kennengelernt, und zwar, als wir beide am Aushang die Heiratsanzeigen lasen. Mein Mann hatte schon viel Erfahrung. Ein Mensch mit Erfahrung ist jemand, der eine Menge Dummheiten gemacht hat. Frauen sind mit Grazie dumm, Männer mit Energie.

Auch ich habe eine „Dummheit" gemacht, nämlich am Polterabend. Da habe ich ganz toll getanzt und mir den Knöchel verstaucht. Der herbeigerufene Arzt sagte: „Sie müssen eine Woche lang das Bett hüten." „Wie fein", erwiderte ich, „ich heirate nämlich morgen, und mein Erich wird sowieso die erste Woche im Bett bleiben wollen."

Und so kam es auch. Er bekam sogar hohes Fieber. Ich rief den Arzt an: „Herr Doktor, Herr Doktor, kommen Sie schnell. Mein Mann hat ganz arges Fieber, ich glaube 62 Grad." Darauf meinte der Arzt: „Dann holen Sie die Feuerwehr!"

Am Anfang unserer Ehe sagte mein Mann immer etwas Nettes zu mir. Zum Beispiel: „Wo sind deine Augen? Wo sind deine Hände? Wo ist dein Mund?!" Aber heute brüllt er: „Verflucht, wo sind meine Pantoffeln?"

Neulich sage er doch zu mir: „Edeltrud, meine Strümpfe sind nach der Wäsche zu klein geworden." Spitz erwiderte ich: „Wasch dir die Füße, dann passen sie wieder."

Wahre Liebe stellt sich um, das ist eine alte Weisheit. Wenn es nach uns Frauen ginge, dann gäbe es auf dieser Welt nur glückliche Ehen. Niemals gäbe es Streit. Am vergangenen Wochenende war bei uns der schönste Ehekrach im Gange. Schuld hatte natürlich mein Mann. Zum Schluß sagte ich dann: „Blödheit ist kein Scheidungsgrund; ich weiß nur, daß Blödheit ein Heiratsgrund sein kann."

Mein Mann und ich sind übereingekommen, daß wir nach jedem Ehestreit ein kleines Bäumchen als Zeichen der Versöhnung im Garten anpflanzen. Unsere Kinder sind einmal Besitzer eines riesigen Waldes. Schon einen Monat nach der Hochzeit sagte mein Mann zu mir: „Edeltrud, ich möchte mit aller Deutlichkeit klarstellen, daß man sich nur so kleiden kann und sollte, wie es die finanzielle Lage erlaubt!" „Ja, Erich, da hast du recht", erwiderte ich, „aber du kannst doch von mir unmöglich verlangen, daß ich nackt herumlaufe!"

Apropos nackt: Kürzlich ging ich zum Doktor und klagte: „Stellen Sie sich vor, ich träume jede Nacht, ich gehe splitternackt über die Straße und habe nur einen riesigen Topfhut auf dem Kopf." „Verstehe", meinte mein Arzt, „und das ist Ihnen natürlich peinlich." „Ja! und wie", gab ich zu bedenken. „Vor allem, weil ich da so viele Bekannte treffe. Wo Topfhüte doch längst nicht mehr modern sind!"

Wissen Sie, mein Mann war ja früher Seemann. Als wir jung verheiratet waren, sagte er immer wieder, ich hätte eine Figur wie ein schönes Schiff. Heute sagt er: Die Ladung hat sich leider nach Achtern verschoben. Außerdem meckert er immer über meine Haare. Er hat mich ja auch nicht gefragt, als er sich eine Glatze zulegte. Und dann das ewige Theater mit der Schwiegermutter. Seitdem ich ihr Ostern ein gesundes neues Jahr gewünscht habe, ist sie sauer. Zuerst gefiel uns das Zusammenleben mit ihr ja ganz gut, aber dann wurde es immer unerträglicher. Ich wollte sie ja hinausschmeißen, aber sie geht einfach nicht. Und wenn man es genau nimmt: es ist ja schließlich ihre Wohnung. Raum ist in der kleinsten Hütte für den größten Krach.

Wegen starker Gehbeschwerden war meine Schwiegermutter seinerzeit beim Arzt. Der hat ihr für drei Monate das Treppensteigen verboten. Nachdem das Vierteljahr vorüber war, schrieb sie der Doktor wieder gesund. „Soll das heißen, daß ich jetzt wieder treppensteigen darf?" erkundigte sich die alte Dame. „Natürlich!" lächelte der Arzt. „Gott sei Dank", seufzte sie erleichtert. „Wissen Sie, Herr Doktor, es war doch recht mühsam für mich, immer am Regenrohr 'rauf und zum Badezimmerfenster herein!"

Na ja, mehr Ärger als mit unserer Hausgehilfin habe ich mit der Schwiegermutter auch nicht. Im vergangenen Sommer kamen wir von der Urlaubsreise zurück, und ich fragte die Hausgehilfin, wo denn der Papagei geblieben sei. „Ich kann es Ihnen wirklich nicht sagen", antwortete sie. „Ich weiß nur, daß unsere Katze seit heute morgen sprechen kann."

Neulich hatte sie beim Kochen drei Pfannkuchen ganz schwarz verbrannt. „Macht nichts, Minna", sagte ich, „geben Sie sie meinem Mann, der ist farbenblind." Das ist vielleicht ein dämliches Menschenkind. Die kann noch keinen Truthahn von einem Wasserhahn unterscheiden.

Kürzlich knöpfte ich mir die Perle vor: „Minna, wie kommt das eigentlich – Ihr Bruder besucht Sie in letzter Zeit nicht mehr auf Ihrem Zimmer?" „Ach, gnädige Frau", seufzte Minna, „mit dem habe ich die Verwandtschaft wieder aufgegeben, aber bald kommt ein Neuer."

Ich habe schon versucht, sie aufzuklären, aber immer, wenn ich davon anfange, brüllt ihr Baby dazwischen. Sie hat ihr Kind auf den Namen „Kolibri" getauft. Kohlenhändler, Lichtmann, Briefträger.

Wußten Sie schon, daß manche Kinder schon lügen, wenn sie zum erstenmal Papa sagen?

Das schlimmste an unserer Minna ist ja, daß sie stottert. Ehe sie nein gesagt hat, ist sie im dritten Monat! Aber hören tut sie alles. Die hat Ohren wie ein Radarschirm.

Minna hat aber auch ihre guten Seiten, – sie zieht mir jeden Abend die Schuhe aus, in denen sie dann spazieren geht.

Dazu kommt noch der Ärger mit meinem Untermieter. Unlängst stellte ich ihn empört zur Rede: „So geht es wirklich nicht, Herr Breuer! Am Montag hatten Sie Damenbesuch, am Dienstag hatten Sie Damenbesuch, am Mittwoch hatten Sie Damenbesuch – und jedesmal war es eine andere. Denken Sie doch einmal daran, daß ich schließlich zwei junge, noch unverdorbene Töchter habe!" „Tut mir schrecklich leid, Frau Müller", antwortete Herr Breuer, „aber noch zwei Mädchen mehr halte ich wirklich nicht aus!"

Na ja, und dann könnte ich Ihnen noch so einiges über meine Nachbarin erzählen. Ich kann Ihnen sage, das ist eine Lady – von der Zweitfrisur bis zur Sohle. Neulich erkundigte sie sich bei mir: „Ist Ihr Mann zu Hause?" Ich lächelte: „Ja, wollen Sie etwas von ihm?" „Ach ja", säuselte sie, „er bläst doch so schön Trompete, – und da wollte ich fragen, ob er nicht mal unser Ofenrohr durchpusten könnte?"

Dieser Tage sagte sie doch zu mir: „Ach, Frau Müller, als wir vor drei Jahren hier einzogen, konnten wir uns in dieser Wohnung vor lauter Flöhen kaum retten. Aber wir sind sie dann doch losgeworden." Neugierig fragte ich: „Ach, was haben Sie denn dagegen getan?" Sie schwärmte: „Wir haben einen Hausball nach dem anderen veranstaltet!"

Am Samstag berichtete sie mir, daß ihr Mann Karpfen nur blau esse. Ich entgegnete darauf: „So anspruchsvoll ist mein Mann nicht, er ißt ihn auch, wenn er nüchtern ist!"

Die älteste Tochter meiner Nachbarin lebt in der Großstadt. Ich sprach sie kürzlich darauf an: „Frau Schulte, haben Sie denn keine Sorge um Ihre Tochter, wo sie doch jetzt so allein in der Stadt ist und sie niemand kennt? Und ein bißchen leichtsinnig war sie doch immer, die Susi." „Ach, Frau Müller", beschwichtigte sie, „anfangs war mir schon bang, aber seit sie geschrieben hat, daß sie unter polizeilicher Aufsicht ist, bin ich ganz beruhigt."

Wenn man so sieht, was alles in Fernsehkrimis passiert, dann findet man die Nachbarn eigentlich noch ganz erträglich.

Neulich habe ich doch drei geschlagene Stunden vor der Tür gestanden und mit meiner Nachbarin geschwatzt. Als ich danach die Wohnung betrat, fragte mich mein Mann: „Mit wem hast du denn da wieder vor der Tür gestanden?" Ich sagte: „Mit Frau Schulte. Sie hatte keine Zeit, hereinzukommen."

Dann sagte ich zu meinem Mann: „Hör mal, Erich, Frau Schulte hat mir gerade erzählt, ihr Mann gehe jede Woche einmal zu einer Freundin. Tust du das auch?" „Aber natürlich", freute sich mein Mann. „Ein Glück!" erwiderte ich, „ich dachte schon, wir könnten uns das nicht leisten."

Aber meinem Mann scheint es wirklich gut zu gehen. Kaum ist der Diskontsatz um ein halbes Prozent gesunken, gleich gurgelt er wieder mit Sekt. Das paßt zu ihm, wie das Gelbe zum Ei. Glauben Sie ja nicht, daß mein Mann sich Sorgen macht, – die habe ich alle am Hals. Ich muß mich um den ganzen Haushalt und um die Kinder kümmern. Neulich kam mein Sohn Rainer zu mir und fragte: „Mutti, was ist das: Erotik?" „Liebe Zeit, wie soll ich das wissen?" erwiderte ich, „ich hatte zwölf Kinder zu erziehen. Da hab' ich nie Zeit gehabt, mich um so'n Kram zu kümmern!"

„Unsere Tochter Hilde wird langsam erwachsen", sagte ich kürzlich zu meinem Mann. „Wieso?" meinte er erstaunt, „sie ist doch erst vierzehn Jahre alt. Fragt sie dich etwa schon nach Blumen und Bienen und so? „Nein", seufzte ich, „sie wollte über das Alimente-Recht aufgeklärt werden!"

Die etwas ältere Renate kam am Donnerstag sehr spät nach Hause. Als Entschuldigung gab sie an: „Mutti, wir mußten in der Bank Überstunden machen." Ich sah mir meine Tochter etwas näher an und erwiderte: „Stimmt, und die Bank war auch noch frisch gestrichen."

Unsere Älteste bringt ihren Freund immer mit zu uns nach Hause. Am vergangenen Sonntag lagen wir schon lange im Bett, als mein Mann zu mir sagte: „Ob ich nicht mal 'rübergehe und den Freier von Sabine bitte, nun endlich heimzugehen?" – „Ach, Erich", säuselte ich, „denk doch mal daran zurück, als wir selbst noch jung waren." „Du hast recht, Edeltrud", zürnte mein Mann, „ich schmeiße ihn gleich die Treppe hinunter!"

Glauben Sie mir, meine Damen und Herren, die Kinder von anderen Eltern sind auch nicht besser. Als ich gestern über die Bahnhofstraße ging, blieb ich verdutzt stehen. „Das kann doch kein Kind sein", dachte ich. Und doch, es war eins. Die Kleine sang ganz laut: „Komm, Casanova, komm, Casanova, küß mich." Ich war ganz erstaunt und konnte das eben Gehörte noch nicht richtig begreifen. Ich fragte das kleine Mädchen, das etwa

10 Jahre alt sein mochte: „Glaubst du an den Storch?" „Ich nicht", gab sie zur Antwort, „aber meine älteste Schwester, die ist sechzehn, die hat dran glauben müssen."

Ja, und wer hat am Ende den Ärger? Nur wir Frauen! Die Herren der Schöpfung – diese grauen Mäuse – kümmern sich um gar nichts.

Apropos Maus: „Mutti, Mutti!" rief gestern unsere kleine Inge ganz aufgeregt. „Der Vati fängt Mäuse und ißt sie!" – „Was sagst du da?" fragte ich ungläubig. „Ja, Mutti, als ich eben an der Wohnzimmertür vorbeikam, hörte ich, wie unsere Minna lachte und er sagte: ‚Komm her, süße, kleine Maus, ich will dich vernaschen!'"

So sind nun mal die Männer

Hier geht es den Männern im wahrsten Sinne des Wortes mächtig an den Kragen. Es gibt wohl keine Frau, die dafür nicht hin und wieder ihre Gründe hätte. Geben Sie sich herb und deftig in Wort und Gebaren. An sich ist dieser Beitrag für jede gesellige Veranstaltung geeignet. Es versteht sich, daß für die Bütt eine andere Kleiderauswahl getroffen werden muß, als beispielsweise für den Kegelabend oder das Betriebsfest. Sie werden schon das Passende finden.

Was lange gärt, wird endlich Wut!

Meine Zunge sträubt sich, auch nur annähernd etwas Gutes über die Männer zu sagen. Ich halte die „Männer" – in Anführungsstrichen – für das Schlimmmste seit Adam.

Es ist gar kein Geheimnis, meine Damen, das Leben eines Mannes zerfällt in drei Abschnitte: im ersten fällt der Mann seiner Mutter, im zweiten seiner Frau und im dritten schließlich seiner Tochter auf die Nerven.

Beim Aussuchen eines Mannes sollten wir Frauen es wie beim Aussuchen eines Stoffes halten: Also nicht bei künstlicher Beleuchtung wählen! Der Unterschied zwischen einem Mann und einer Frau besteht ja darin, daß der Mann das Liebesleben leider nur als „Sprint" auffaßt, für uns Frauen dagegen ist es ein Hindernislauf.

Kinder, Kinder, was bin ich gelaufen, und alle Männer hinter mir her. Aber keiner wollte sich trauen lassen. Man muß unterscheiden zwischen den Männern, die sich vorher trauen, und denen, die sich trauen lassen.

Seien wir doch einmal ehrlich, meine Damen. Was haben wir denn davon, wenn wir heiraten? Was kommt dabei heraus? – Nichts als Kinder.

Böse Zungen behaupten, wir Frauen schauen gelegentlich unters Bett, in der Hoffnung, einen Einbrecher zu finden. Ja, was haben wir denn sonst gefunden?

Im Tierreich sind die Männchen schöner als die Weibchen. Diesen Fehler hat der liebe Gott beim Menschen korrigiert. Es mag vielen Männern zum Trost gereichen, daß sie manchmal nicht so geistlos aussehen, wie sie sind.

Aber eines steht fest: Mit den dritten Zähnen beißen die Männer am leichtesten an. Es ist übertrieben, zu behaupten, die Ehemänner wünschten sich die große Freiheit, viel lieber wollen sie viele kleine Freiheiten. Nie ist ein Mann schwächer als in dem Augenblick, in dem eine schöne Frau sagt, wie stark er doch sei.

Man kann einem Mann die törichtesten Dinge über seine „Stärke" sagen, er wird sie glauben. Junge Männer wollen treu sein, und sind es nicht. Alte Männer möchten untreu sein, und können es nicht. Daß ich nicht lache! Also, das ideale Alter für einen Mann ist erreicht, wenn sich Frauen noch und die Armee nicht mehr für ihn interessieren.

Mein Mann war Obergefreiter bei der Bundeswehr. In einer Fragestunde beim Dienstunterricht in der Kaserne erkundigte er sich: „Seit wieviel Jahren besteht die Bundeswehr, Herr Unteroffizier?" „Seit 1955!" antwortete dieser. „Ich dachte", wunderte sich mein Mann, „seit 2000 Jahren. Schon in der Bibel steht: Sie legten seltsame Gewänder an und zogen planlos umher." Ja, und das tun sie heute noch, diese Schwächlinge.

Wußten Sie eigentlich schon, daß 59 Minuten eine schwache Stunde sind? In diesem Zusammenhang wäre noch zu erwähnen: Nicht wenige Männer sind nur deshalb verheiratet, weil sie sich einbildeten, einen Flirt genauso schnell wieder beenden zu können, wie sie ihn angefangen haben. Da kann man nur sagen: viele Menschen erwerben die „mittlere Reife" und behalten sie bis ins hohe Alter.

Meine Mutter hat immer gesagt: Die Männer sind wie Fernsehempfänger; wenn sie den Kanal voll haben, bekommen sie Mattscheibe.

Auf gar keinen Fall darf man die Männer verwöhnen. Je mehr eine Frau einen Mann verwöhnt, desto weniger wird sie von ihm verwöhnt. Ich spreche da aus Erfahrung. Einmal ging ich mit einem Mann ins Kino. Am Büfett kaufte er für sich Schokolade. Der Film lief. Mein Begleiter knabberte unentwegt. Ich hoffte und hoffte. Schließlich fragte ich spöttisch: „Schmeckt es?" Er nickte. „Ausgezeichnet! Sie hätten sich auch welche kaufen sollen!"

Mir sagte der Mann, er sei Tischler von Beruf. Nun, ich dachte an Bautischler oder Möbeltischler. Dabei war er nur Stammtischler.

Mein seliger Vater sagte damals zu diesem Herrn: „Also, Herr Lustig, Ihre enormen Schulden habe ich bezahlt! Nun steht doch einer Heirat mit meiner Tochter nichts mehr im Wege?" „Nein, Herr Müller", lachte meine Errungenschaft, „ nur noch eine Kleinigkeit, ich bin von meiner Frau noch nicht ganz geschieden.!"

Ja, ja, das sagte der Mann zu meinem Vater. Sie wissen ja, was ein Vater ist? Also, ein Vater ist ein Mann, der geleistet hat, was Hand und Fuß hat, auch wenn es zunächst nicht so gedacht war.

Wenn mein Vater zu meiner Mutter sagte, „wir müssen sparen", dann meinte er meine Mutter. Sagt er, „wir können uns etwas gönnen", dann meinte er sich. Einmal sagte ich zu meiner Mutter: „Du, Mutti, beginnen alle Märchen mit den Worten: Es war einmal?" – „Oh nein", meinte meine Mutter, „manche beginnen: Wir müssen heute abend im Büro Überstunden machen."

Sie sehen, meine Damen, der Ehemann, Bräutigam oder Freund, der seiner Liebsten nicht hin und wieder „Märchen" erzählt, muß erst noch geboren werden. Die Männer sind wie Zwiebeln: Wenn man sich näher mit ihnen befaßt, ist es zum Heulen. Meine Nachbarin ist auch schwer hereingefallen. Ihr Mann ist Schlafwandler. – Er schläft mal hier, mal dort.

Die zehn schönsten Lebensjahre eines Mannes sind ja die von 28 bis 30! Neunundvierzig Jahre lang haben die Männer Angst vor dem Tag, an dem sie fünfzig werden. Für manche beginnt dann der zweite Frühling. Einige wollen dann in einer Woche nachholen, was sie in zwanzig Jahren versäumt zu haben glauben. Hüten Sie sich vor den Männern, meine Damen. Nur der Röntgenologe hat eine Chance, die Männer zu durchschauen. Zuerst empfangen sie uns mit offenen Armen, dann mit offenen Händen und zuletzt mit offenem Mißtrauen.

Viele Männer heiraten, um eine bestimmte Frau zu vergessen. Dann laufen sie anderen nach, um die Frau zu vergessen, die sie geheiratet haben. Frauen möchten in der Liebe Romane erleben – Männer sind mehr für Kurzgeschichten. Für uns Frauen ist Treue eine Tugend, für Männer ist sie eine große Anstrengung. Zugegeben, es gibt auch weichherzige Männer. Da las ich neulich in der Zeitung, daß ein feinfühliger Mann sich Pfeil und Bogen angeschafft hat, um seine Frau umzubringen. Nun ja, der Knall eines Revolvers hätte doch die Kinder geweckt.

Apropos Kinder: Kürzlich nahm mein Mann, nachdem er sich die Sache genau und lange überlegt hatte, unseren achtjährigen Sohn vertraulich zur Seite und sagte zu ihm: „Ich muß mal etwas ganz Wichtiges fragen, mein Junge! Würde es dir Freude machen, wenn du noch ein Brüderchen oder Schwesterchen bekämst?" Da schaute der Knirps seinen Vater mit fragendem Lächeln eine Weile an und meinte dann: „Ach, Vati, was seid ihr Erwachsenen doch für seltsame Leute! Kannst du mir vielleicht sagen, was du tun würdest, wenn ich nein sagte?"

Männer sind manchmal komisch. Meiner sagte kürzlich zu mir: „Edeltrud, unser Nachbar ist doch wirklich ein Gentleman." Gleich darauf hatten wir den größten Krach – nur weil ich sagte: „Ja, das ist er auch."

Die meisten Männer sind zum Tadeln geboren! Sie sehen am ganzen Achilles nur die Ferse. Mein Mann wird nie einen Irrtum zugeben, außer einem – mich geheiratet zu haben. Wir Frauen sind nur selten glücklich. Unser einziges wirkliches Glück bilden die Männer, die wir nicht geheiratet haben.

Mein angehender Schwiegersohn ist auch so ein Schlendrian. Seinerzeit holte er unsere Tochter zu einem Autoausflug ab. Als sie sich verabschiedete, sagte mein Mann: „Paß gut auf, wenn er fährt." „Unsinn", unterbrach ich ihn, „paß lieber auf, wenn er parkt."

Der Freier meiner Tochter war ein Strohwitwer, zwar nicht mehr brandneu, aber feuergefährlich. Der glaubt, ein bewegtes Innenleben zu haben, hat aber nur einen Bandwurm. Wissen Sie, manche Männer sind wie der Kurszettel an der Börse. Lustlos und schwach.

Es gibt aber auch noch eine ganz andere Sorte. Das sind die Kraftprotze, also diejenigen Männer, die zum „Dame-Spielen" kein Brett brauchen.

Mein Mann glaubt, auch so einer zu sein. Kürzlich waren wir auf einer Party. Tags darauf habe ich ihm Vorwürfe gemacht und gesagt: „Du hast uns ja auf der Party gestern schön blamiert. Hoffentlich hat keiner gemerkt, daß du nüchtern warst."

Wirklich, Männer sind wie Streichhölzer. Wenn sie Feuer fangen, verlieren sie den Kopf. Apropos Kopf: Wissen Sie was eine Glatze ist? Nacktkultur auf höchster Ebene.

Meine Mutter hat immer zu mir gesagt: „Hüte dich vor den Männern. Je dicker die Brieftasche, desto flacher der Kopf."

Nein, meine Damen, wir Frauen brauchen unser Licht nicht unter den Scheffel zu stellen. Wir Frauen wurden nach dem Mann erschaffen, weil Gott sich eine Steigerung vorbehalten wollte.

Ich meine, mein Mann tut ja alles, um mir zu gefallen. Jetzt hat er sich sogar einen Bart wachsen lassen. Nun ja, der Bart steht ihm ganz passabel, – da weiß man wenigstens, wo vorne ist!

Mein Mann kann nicht vergessen, daß er verheiratet ist – er bemüht sich halt. Und ich bemühe mich, ihm das beizubringen. Aber da hilft keine Moralpredigt. Rheuma ist weit besser geeignet, Männer von Seitensprüngen abzuhalten. Ich sage mir immer: Ein Mann im Haus ist mehr wert, als zwei in einer Bar.

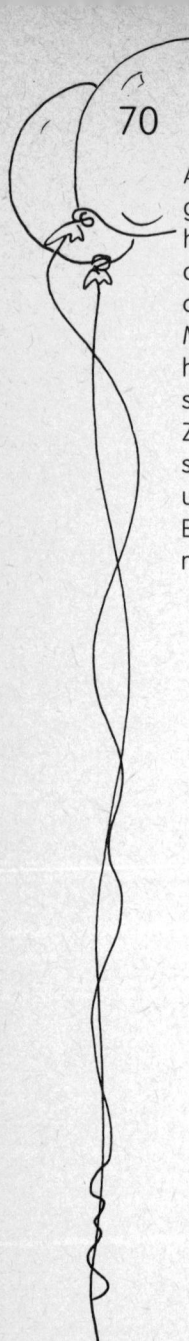

Also, neulich glaubte ich doch tatsächlich, daß mein Mann mich hintergeht. Ich stellte ihn zur Rede und sagte: „Erich, du hast eine Geliebte!" Er hob die Hand zum Schwur: „Red keinen Unsinn, Traudi, wie kommst du darauf, daß ich eine Geliebte haben soll?" „Nun", erwiderte ich, „du hast dir in dieser Woche schon dreimal die Füße gewaschen!"

Mein Mann ist ja schon über fünfzig, und da beginnt der zweite Frühling. Er hätte ja gern etwas Jüngeres. Aber ich habe zu ihm gesagt: Merke dir, es sind die ältesten Geigen, die die schönsten Lieder spielen.

Zum Schluß, meine Damen, möchte ich sagen: Eine vernünftige Frau sollte sich niemals einen Liebhaber nehmen, ohne ihr Herz zu fragen, und nie einen Ehemann, ohne ihre Vernunft entscheiden zu lassen. – Einen Toast auf unsere Männer und unsere Geliebten! Mögen sie sich nie begegnen!

Eine eingebildete Kranke

Legen Sie sich einen Schal um den Hals. Hängen Sie sich eine Wärm-
flasche um. Nehmen Sie ein „Fieberthermometer" (ich meine das große,
mit dem man die Wassertemperatur in der Badewanne mißt) mit auf die
Bühne. Basteln Sie sich obendrein noch eine „Kette" aus Medikamen-
ten-Schachteln. Sie werden staunen, wie das wirkt. Von mir aus nehmen
Sie auch noch ein Katzenfell mit. Schminken Sie sich blaß. Sie dürfen hin-
ken, krumm dastehen und auch mal husten. Ja, und ansonsten brau-
chen Sie „nur" noch den gut einstudierten Text vorzutragen.

Als ich vor vierzehn Tagen in die Sprechstunde kam, sagte der Arzt zu
mir: „Frau Müller, aus dem, was Sie mir da gerade erzählt haben, ist
mir der Eindruck entstanden, daß Sie vor mir schon bei einem anderen
Arzt gewesen sind." Zögernd erwiderte ich darauf: „Aber nein, Herr Doktor,
das ist nämlich so, ich habe nur den Stern-Apotheker um Rat gebeten."
„Aha, diesen Narren kenne ich. Welchen dummen Rat hat er Ihnen denn
gegeben?" „Ach", er sagte, „ich solle doch einmal zu Ihnen gehen."
Nach gründlicher Untersuchung forschte der Arzt: „Wo haben die Schmerzen denn angefangen?" Ich stöhnte: „Zwischen Rathaus und Kaisers
Kaffee-Geschäft." „Ja", fuhr er fort, „Ihr Puls geht etwas zu langsam."
„Das macht nichts", erwiderte ich, „ich habe Zeit, im Augenblick geh' ich
stempeln."
Dann sah der Doktor mich nachdenklich an und sagte: „Frau Müller, es
war aber auch höchste Zeit, daß Sie zu mir gekommen sind!" Verlegen
lächelte ich: „Wieso, Herr Doktor – sind Sie denn so knapp bei Kasse?"
Nach einigem Überlegen meinte er noch: „Vorsichtshalber werden wir
noch eine Röntgenaufnahme machen." „Dann aber bitte im Profil, Herr
Doktor", bat ich, „da wirke ich am vorteilhaftesten."
„Und", fuhr er fort, „damit ich die Geschwulst am kranken Fuß beurteilen
kann, müssen Sie jetzt auch mal den anderen Schuh und Strumpf her-
unterziehen." Ablehnend sagte ich: „Tut mir sehr leid, Herr Doktor, aber
darauf bin ich nicht vorbereitet." Nun schimpfte er: „Konnten Sie sich
denn Ihre Füße nicht vorher einmal gründlich waschen?" Kleinlaut entgegnete ich: „Verzeihung, ich dachte es handelte sich bei mir um ein inne-
res Leiden."

„Trinken Sie gern starken Kaffee?" forschte der Arzt weiter. Ich erwiderte: „Aber ja, wenn Sie ein Täßchen da haben."

Darauf schüttelte der Doktor den Kopf, blickte mich fassungslos an und meinte mit ernstem Gesicht: „Frau Müller, Sie müssen das Kaffeetrinken erheblich einschränken, es schadet Ihrem Blutdruck. Dann wollen wir mal sehen, ob sich Ihr Leiden bessert!" – „Aber, Herr Doktor", bat ich flehentlich, „könnte ich nicht doppelt soviel Kaffee trinken? Dann werden wir doch sehen, ob es schlimmer wird." Zum Schluß hat er mir eine Medizin verordnet. Vier Kaffeelöffel voll sollte ich täglich davon nehmen. Das konnte ich doch gar nicht. Ich habe ja nur drei.

Später habe ich dann einen Internisten heimgesucht, Verzeihung, ich wollte sagen aufgesucht. Seine erste Frage lautete: „Frau Müller, wogegen wurden Sie denn geimpft?" Wahrheitsgemäß erwiderte ich: „Gegen meinen Willen."

Dann sah er mich von oben herab an, ging einmal um mich herum, wie ein Kreisarzt, und sagte: „Das einzige, was Sie brauchen, ist mehr Bewegung, sonst werden Ihre Beine steif." „Aber Herr Doktor", flötete ich, „ich habe den ganzen Tag Bewegung, ich ersetze für die Stadt sämtliche Zeitungen." Der Arzt war einen Moment sprachlos. Dann faßte er sich wieder, schaute mich über seine Brille hinweg an und sagte: „So, so, dann lassen Sie mich doch noch einmal Ihre Zunge etwas genauer ansehen."

Als meine Beschwerden nicht besser wurden, schickte mich mein Hausarzt fort zur Kur. Das erste, was der Kurarzt zu mir sagte, war: „Wir haben ein neues Hallenschwimmbad errichtet, möchten Sie auch eine Kleinigkeit beisteuern?" „Aber gern", erwiderte ich, „ich gebe zwei Eimer Wasser."

Unter anderem bekam ich auch Massagen. Beim Massieren passierte mir etwas Menschliches. Das war mir sehr peinlich, aber der freundliche Masseur lachte und sagte: „Sie haben bald keinen Hexenschuß mehr. Der Schuß ist schon weg, und die Hexe kriegen wir auch noch."

Im Badehaus unterhielt ich mich mit einem Kurgast. Er fragte: „Weshalb sind Sie hier?" Ich wisperte: „Mein Arzt hat mir gesagt, ich hätte Nierensteine, eine Balkenblase, einen Wasserbauch und Adernverkalkung." „Sie Glückliche", staunte der Kurgast, „dann bauen Sie sich doch ein Haus
Bei der Zwischenuntersuchung klagte ich dem Kurarzt: „Herr Doktor, der Knöchel meines linken Fußes ist ganz geschwollen. Ich habe starke Schmerzen." „Nur keine Aufregung", lächelte der Arzt, „Sie werden halt einen Fehltritt getan haben." Schroff erwiderte ich: „Was hat denn das mit dem Fuß zu tun?"

Daraufhin wurde ich täglich massiert. Ohne eine Miene zu verziehen, ließ ich die Prozedur über mich ergehen, während eine andere Patientin stöhnte und winselte. „Nerven haben Sie", meinte die Dame später zu mir, „daß Sie diese Massage ohne Schmerzenslaute über sich ergehen lassen!" – „Ja", lachte ich, „ich bin doch nicht so dumm wie Sie und werde dem Mann ausgerechnet meinen kranken Fuß hinhalten."

In dem Kurort fühlte ich mich gar nicht wohl. Der Kurarzt meinte: „Frau Müller, Sie sind übernervös. Was Sie brauchen, ist Zerstreuung." „Ich weiß, ich weiß", jammerte ich, „die hätte ich ja allzu gern. Aber was soll ich machen, mein Mann ist seit ein paar Tagen hier, und der paßt auf wie ein Schießhund!"

Vierzehn Tage später bei der Schlußuntersuchung fragte der Arzt: „Nun, wie geht es Ihnen?" – Ich sagte: „Mir fehlt nichts. Aber auch rein gar nichts!" – „Dann sind Sie also mit der Kur bestens zufrieden?" Ich antwortete: „Das habe ich nicht gesagt. Als ich hier ankam, da hatte ich Magenbeschwerden, die sind noch da, ich hatte Herzschmerzen, die sind ebenfalls noch da, meine Kopfschmerzen habe ich auch behalten! Sie sehen, mir fehlt nichts, – es ist alles noch da, Herr Doktor."

Nach meiner Rückkehr mußte ich mich sofort in zahnärztliche Behandlung begeben. Als ich meinen Mund aufmachte, erklärte der Zahnarzt: „Ihr Gebiß ist in einem fürchterlichen Zustand. Ich muß Ihnen leider alle Zähne ziehen." Ich bat: „Können Sie nicht wenigstens einen Zahn stehenlassen?" – Da staunte der Doktor: „Warum denn das?" Ich flüsterte: „Damit es hübsch aussieht, wenn ich lächle."

Nun kann ich ja das Zähneziehen überhaupt nicht vertragen. Deswegen sagte ich zum Doktor: „Um Himmels willen, bloß keinen Zahn ziehen. Dann kriege ich schon lieber ein Kind." Darauf erwiderte der Arzt: „Entscheiden Sie sich schnell, – dann muß ich nämlich den Stuhl umstellen."

Die Zahnschmerzen zogen bis zu den Ohren hin. Vorsichtshalber bin ich dann zum H-N-Ohrenarzt gegangen. Der Doktor fragte: „Haben Sie vielleicht früher schon mal Polypen gehabt, Frau Müller?" Ich lächelte: „Ach ja, richtig! Den Wachtmeister Schulte vom Polizeirevier Davids-Wache."

Danach leuchtete er mit dem Ohrenspiegel in den Gehörgang, griff zur Pinzette und holte doch tatsächlich eine Mark heraus. Ich strahlte: „Das ist ja großartig, nun kann ich wieder hören, das Geldstück hatte ich wochenlang da drin!" – „Was, wieso, das haben Sie gewußt", staunte der Arzt, „warum sind Sie dann nicht früher zu mir gekommen?" Ich erklärte: „Ich habe das Geld ja nicht gebraucht!"

Bei der Nachuntersuchung fragte der Arzt: „Die Medizin, die ich Ihnen verschrieben habe, war die gut?" – „Ausgezeichnet", versicherte ich, „erst heilte sie meinen Husten, dann brachte sie meinem Jungen die Masern weg, mein Mann hat sein Rheuma damit kuriert, und den Rest habe ich zum Silberputzen genommen!"

Dann habe ich mir auch gleich eine Überweisung für den Augenarzt geben lassen. Ich sagte: „Herr Doktor, wenn ich früh aufwache, dann habe ich immer ein starkes Flimmern vor den Augen, ist das vorbei, dann fühle ich mich ganz wohl." „Hm", meinte der Arzt, „wie lange hält gewöhnlich das Augenflimmern an?" Ich sagte: „Ungefähr eine halbe Stunde." Darauf erwiderte der Doktor: „Wachen Sie also in Zukunft eine halbe Stunde später auf!"

Dann sagte er noch: „Könnten Sie die Operation bezahlen, die ich an Ihrem Auge vornehmen möchte, wenn ich sie für notwendig halte?" Ich konterte: „Würden Sie die Operation für notwendig halten, wenn ich sie nicht bezahlen könnte? Was soll die Operation kosten?" Der Doktor meinte: „Zweitausend Mark!"

Nachdenklich fragte ich: „Könnten Sie es nicht für die Hälfte machen?" Der Arzt nickte: „Kann ich! Aber dann nur mit alten, stumpfen Messern."

Da bei uns der Familiensegen ausblieb, schickte mich mein Mann zum Frauenarzt. Nachdem ich ihm mein Leid geklagt hatte, meinte er beruhigend: „Frau Müller, so wie Sie aussehen, wird es sicher nicht schwer sein, Ihren Wunsch zu erfüllen. Ziehen Sie sich doch einmal aus!" „Aber, Herr Doktor", wehrte ich ab, „das erste Kind hätte ich doch gern von meinem Mann!"

Zur Beobachtung kam ich dann in die Frauenklinik. Über der Eingangstür hing ein Schild mit der Aufschrift: „Zutritt zum Entbindungsheim haben nur Ehemänner oder deren Stellvertreter."

Als mein Mann mich in der Klinik besuchte, stellte er besorgt fest, daß ich nicht weniger als zehn Thermometer im Munde hatte. Auf die Frage meines Mannes, was das zu bedeuten habe, erwiderte die Krankenschwester: „Ihre Frau hat heute ein so prächtiges Fieber, daß wir alle Thermometer an ihr ausprobieren wollen!"

Da alles nichts half, bin ich wieder nach Hause gegangen. Aber schon zwei Tage später wurde ich in die Chirurgische Abteilung der Universitätsklinik eingeliefert. Als ich aus der Narkose erwachte, fragte ich den Oberarzt, wie lange ich noch zu leben habe. Nachdenklich meinte der Doktor: „An Ihrer Stelle würde ich keine Fortsetzungsromane mehr lesen!"

Nachmittags besuchte mich meine Nachbarin, Frau Schulte. Sie sagte: „Mein Gott, Frau Müller, ich habe ja schon immer damit gerechnet, daß Ihr Mann Sie eines Tages fallenlassen wird – aber doch nicht gleich aus dem dritten Stock!"

Wen wundert es da, daß ich seither beim Psychiater in Behandlung bin. Als erstes fragte er mich: „Haben Sie in Ihrer Familie einmal einen Fall von Geistesgestörtheit gehabt?" Nach kurzer Überlegung erwiderte ich: „Ja, Herr Doktor, meine Schwester hat mal einem Millionär einen Korb gegeben."

Dann forschte er weiter: „Sind in Ihrer Familie schon Fälle von Bewußtseinsspaltung vorgekommen?" Ich sagte: „Nein eigentlich nicht. Nur mein Mann bildet sich mitunter ein, Herr im Hause zu sein."

„Hm, und weswegen sind Sie zu mir gekommen?"

Ich klagte: „Herr Professor, Sie müssen mir helfen, meine Verwandten behaupten, ich wäre verrückt. Und das nur, weil ich Pfannkuchen so gern habe." Der Professor strich sich seinen Vollbart und lächelte weise: „Aber, aber, deswegen sollen Sie verrückt sein, ich kann Ihnen offen sagen, daß ich Pfannkuchen auch sehr gerne habe." Ich strahlte, klatschte in die Hände und rief: „Wirklich, Herr Professor, dann müssen Sie mich aber mal besuchen. Ich habe zu Hause schon sieben große Koffer voll gebacken."

Sorgen einer Frau

Auch dieser Beitrag ist so gehalten, daß er ohne weiteres in jedes Pro-
gramm hineinpaßt. Für die „Bütt" rege ich an, sich originell zu verkleiden.
Dazu sollten Sie nach Möglichkeit eine neckische Frisur – vielleicht ein
Knötchen auf dem Kopf – tragen.
Sprechen Sie ohne Hemmungen und Scheu – über das, was Ihnen am
Herzen liegt. Nehmen Sie kein Blatt vor den Mund, dann werden Sie mit
Sicherheit Erfolg haben.

Meine sehr überschätzten „Herren" und solche, die allzugerne Herren sein möchten!
Jetzt geht es Ihnen an den Kragen – ich meine, jetzt werde ich Ihnen mal
etwas sagen: Glauben Sie bloß nicht, wenn Sie mich hier so sehen, daß
Sie vielleicht könnten. Oder dachten Sie wegen mir meiner doch wohl?
Junge, da sind Sie bei mir aber an der falschen Anschrift. Ja, und zwar
genauso falsch wie der „Herr", der da neulich bei mir anrief und sagte:
„Hallo, ist das der Frauenverein Guter Hirte?" – „Ja!" sagte ich. – „Sie retten
doch gefallene Mädchen?" „Ja!" sagte ich. „Haben Sie gerade welche
da?" – „Ja." sagte ich. „Na, dann schicken Sie mir zwei zu unserem Her-
renabend!"
Also, wenn ich so etwas höre, dann hätte ich große Lust, aus der Gewerk-
schaft Öffentliche Dienste und Verkehr auszutreten. Kürzlich sagte doch
so ein Dümmling von Mannsbild zu mir: „Betrügen Sie eigentlich Ihren
Mann?" Ich schaute diesen „Herrn" mitleidig an, schüttelte den Kopf und
erwiderte: „Wen denn sonst?" Wen wundert es da, daß auch dumme
Menschen Weisheitszähne kriegen?
Wußten Sie eigentlich schon, daß sich jede Vaterschaft mit Mutterwitz kin-
derleicht ertragen läßt? Und daß Hebammen erst im Herbst am Karneval
verdienen? Wen wundert es da, daß mir der Richter seinerzeit folgendes
an meinen gelockten Kopf schleuderte: „Frau Müller, die Beweisauf-
nahme hat ergeben, daß Sie sich dreimal verheiratet haben, und alle drei
Männer sind noch am Leben. Eine Scheidung hat nicht stattgefunden!
Was haben Sie dazu zu sagen?"
„Ja, Herr Landgerichtsrat," begann ich meine Rede, „ich habe schon oft
gehört, das Heiraten sei eine Lotterie, und bei einer Lotterie nimmt man ja

auch mehrere Lose, um so seine Chancen auf einen Haupttreffer zu erhöhen…" Als ich meinen ersten Verlobten damals fragte: „Wirst du mich auch noch lieben, wenn wir verheiratet sind?" sagte er: „Aber klar doch, mein Schneeflöckchen. Du weißt doch, daß ich schon immer eine Vorliebe für verheiratete Frauen hatte!"

Na, und mit dem zweiten stand ich dann doch vor dem Scheidungsrichter. Ich beklagte mich bitter, daß mein Mann nach acht Jahren Ehe noch nichts von mir gewollt hat. – Da fragte der Richter erstaunt: „Ja, hören Sie mal, lieber Herr Müller, lieben Sie Ihre Frau denn nicht?" „Doch, sicher, Herr Richter", schwärmte mein Verflossener, „aber ich wußte wirklich nicht, daß es ihr damit so eilt! Es tut mir leid!" Ja, und mein dritter saß dieser Tage vor dem Bildschirm. Da brachte ich die Abendzeitung und sagte süß: „Erinnerst du dich noch deiner superblonden Jugendfreundin? Else hieß sie wohl, dieser Vamp…" „Und ob!" schmunzelte mein Angetrauter und schloß selig die Augen. „Ich werde sie nie vergessen." – „Schade, daß du sie damals nicht geheiratet hast", sagte ich noch süßer. „Warum?" stutzte er. „Ach, ich las hier soeben, daß sie gestern ihren Mann umgebracht hat!"

Sie lachen, na schön, das ist Ihre Sache. Aber ich habe allen Grund auf meinen Mann böse zu sein. Jeden Abend kommt er spät nach Hause, meistens ist er noch betrunken. Als ich neulich noch Lippenstiftflecken an seinem Hemdkragen und an der Wange sah, fauchte ich empört: „Glaube nicht, daß ich bereit bin, bei dir die zweite Geige zu spielen!" Ich will Ihnen mal verraten, was der Kerl da zu mir gesagt hat: „Zweite Geige? Du hast wohl 'ne Macke, was? Sei froh, daß du überhaupt noch in dem Orchester drin bist!"

Hätte ich diesen Oberkellner – das war sein Beruf – doch niemals geheiratet. Aber meine Mutter hat mich damals gewarnt, sie sagte: „Kind, wie konntest du dich nur vom Zimmerkellner verführen lassen. Was hast du dir dabei gedacht?" – Was soll ich Ihnen sagen, ich habe dabei gedacht: Hoffentlich ruft ihn bloß jetzt keiner zum Dienst!

So ist es recht, immer mitlachen – auch wenn Sie es nicht verstanden haben – Ihr Nachbar hält Sie dann für intelligent.

Sie können mir glauben, meine Damen, während meiner ganzen Ehejahre waren mein Mann und ich nur einmal einig, das war als unser Haus brannte – da wollten wir beide zur gleichen Zeit zur Haustür raus. Ich habe während meiner fünfundzwanzigjährigen Ehe nur einmal gelacht und zwar, als mein Mann die Treppe herunterfiel. Na ja, tiefer konnte er sowieso nicht fallen.

Kürzlich war er auf dem Maskenball. Als Leichtmatrose ist er weggegangen, – als Vollmatrose kam er zurück. Komisch, sonst nimmt ihn keiner für „voll". Er geht immer in die Kneipe an der Ecke, zu dem Weinhändler Sauerwein. Der ist jetzt zu Gefängnis verurteilt worden, weil er seine Weine ganz kräftig mit Wasser getauft hat. – Dabei sieht der Mann aus, als könne er kein Wässerchen trüben. Aber der hat es faustdick hinter den Ohren. Einmal unterhielt er sich mit einer sehr hübschen Dame. „Nachts schlafe ich immer bei offenem Fenster", sagte er. Sie seufzte: „O Gott, das könnte ich nicht vertragen, da würde ich mich sofort erkälten." Darauf grinste Sauerwein: „Na ja, heute nacht könnte ich ja eine Ausnahme machen!"

Die Freundin dieser Dame meinte später: „Also, Luise, ich muß dir schon sagen, ich hätte diesem Hallodri nie den Schlüssel zu meiner Wohnung gegeben." Worauf diese erwiderte: „Aber Petra. Erstens gibt er mit dem Schlüssel so gern bei seinen Freunden an und zweitens paßt er nicht!" Es ist schon ein Kreuz mit den Männern. Neulich stand so ein Mann an der Hotelbar und weinte bitterlich. Die Bardame fragte: „Was haben Sie denn?" „Ach", meinte der Jämmerling verlegen, „ich habe gestern meine Frau an einen Kerl für eine Flasche Whisky vermietet."

„Ach Gott", flötete die Bardame, „ und da sehnen Sie sich wohl jetzt nach ihr?" „Klar, und wie," schmunzelte der Ganove. „Ich brauche nämlich eine neue Flasche." Dieser Mann behauptete den ganzen Abend, er sei beim Film. Er sagte zu der Bardame: „Ich bringe Sie auf die Leinwand." Das hat er auch getan, – aber die Leinwand war nicht senkrecht gespannt. Also, wenn Sie mich fragen, das war kein feiner Mann.

Kleine Scherzfrage: Was ist der Unterschied zwischen einem Schuh, einem Reitstiefel und einem feinen Mann? Ein Schuh geht bis zum Knöchel, ein Reitstiefel bis zum Knie, und ein feiner Mann weiß immer, bis wohin er zu gehen hat.

Da kann man nur sagen: Ein Mann im Haus ist mehr wert, als zwei in einer Bar. Eine kluge Frau verglich die Ehemänner einmal mit angepflockten Pferden. Beide grasen an der äußersten Grenze ihrer Bewegungsfreiheit. Glauben Sie mir, meine Damen, es gibt keinen Unterschied zwischen Ehemännern und Seeräubern. Beide habe irgendwo einen verborgenen Schatz.

Da meinte doch seinerzeit mein Oller zu seinem Freund: „Einen Harem voller schöner Weiber müßte man haben. So an die hundert Stück!" „Mann hör auf," konterte dieser. „An die Schwiegermütter denkste wohl gar nicht?"

Gestern las ich die Zeitung und sagte zu meinem Mann: „Erich, hier steht, daß im Orient die Männer ihre Frauen verkaufen. Würdest du das mit mir auch tun?" „Nee", gähnt er, „ich würde dich verschenken!" Merken Sie sich meine Damen: Die wichtigste Tat im Leben einer Frau ist die Wahl des richtigen Ehemannes. Sie darf sich sonst überall irren, hier nicht.

Die meisten Männer sind geizig. Für die Frisur ihrer Bilanz geben manche Männer mehr Geld aus als für die Frisur ihrer Frau. Mein Mann beschummelt mich, wo er nur kann. Einmal kam ich aufgeregt aus dem Schlafzimmer und rief ihm weinend entgegen: „Erich, stell dir vor, mein goldfarbenes Abendkleid ist weg. Mein Persianermantel fehlt. Die Nerzjacke ist auch verschwunden!" Brummig erwiderte er: „Reg dich nicht auf! Die Pfandscheine hängen an den Bügeln!" Das Geld hat er natürlich versoffen. Am darauffolgenden Tag sagte er dann noch zu mir: „Was habe ich denn von dir gehört? Du bist ja die letzte Nacht mit einer Schubkarre durch die halbe Stadt gefahren. Schade, daß ich das nicht gesehen habe." Eiskalt erwiderte ich: „Das konntest du ja nicht sehen. Du lagst nämlich drin!"

Ein Star

Mit Bestimmtheit werden Sie dann die größte Wirkung erzielen, wenn Sie rein äußerlich – also vom Typ her, wie auch in der Maske – absolut gar nichts mit einer „Schauspielerin" gemeinsam haben.
Es dürfte Ihnen sicher nicht schwerfallen, sich mit Hilfe einer Perücke, Schminke und Verkleidung in eine „Diva" zu verwandeln.

Star der Leinwand, so werd' ich genannt, und die ist – so glaubt mir – senkrecht gespannt. Erschein' ich auf der Bühne, dann sind meine Fans hin, weil ich die Königin der Schauspielerinnen bin!

Ich habe die Muttermilch der Schauspielkunst mit der großen Tragödin Adele Sandrock am weltberühmten Max-Reinhardt-Seminar genossen. Böse Zungen behaupten, ich sei eingebildet. Dabei bin ich noch lange nicht so eingebildet, wie ich es mit meinem Aussehen und meinem Talent eigentlich sein könnte.

Meine Schauspiellehrerin war jugendliche Naive am Kreistheater in Oberschröpflingen an der Dachtel. Sie war mehr als naiv, denn sie hatte sage und schreibe vier Kinder – und wußte nicht von wem. Aber sie war eine große Künstlerin. Ich glaube, sie war 1,98 Meter. Wir verglichen sie immer mit Mozarts Zauberflöte. Tja! Ihr ganzer Zauber ist flöten gegangen.

Sie war ein ehemaliger Filmstar. Ihre Karriere begann ganz einfach dadurch, daß ihr Busen zu groß war für ihren zu kleinen Pullover. Und sie endete, als ihr Bauch zu dick wurde für ihren Rock.

So wurde sie Schauspiellehrerin. Als ich das erste Mal bei ihr vorsprach, sagte ich: „Verehrteste, ich versichere Ihnen, ich habe Künstlerblut in den Adern!" „Dann", antwortete sie unbeeindruckt, „gehen Sie doch sofort zum Arzt und lassen sich etwas verschreiben gegen Ihre Blutarmut!"

Einmal wollte ich den weltberühmten Josef Kainz – den König der Mimen – davon überzeugen, daß ich eine gottbegnadete Schauspielerin sei. Ich traf ihn am Hinterausgang des Wiener Burgtheaters und sagte: „Wenn ich auf der Bühne stehe, vergesse ich alles um mich. Ich höre kaum meine Stimme, ich entschwebe in eine andere Welt, alles um mich herum verschwindet, das Publikum verschwindet..." – „Ja, ja", meinte Josef Kainz gedankenvoll, „das kann ich mir lebhaft vorstellen."

Die Bühne, das sind für mich die Bretter – die Ihr Geld bedeuten. Mit meinem Talent bin ich durch die ganze Welt gekommen, denn ich habe an keinem Theater lange bleiben dürfen.

Als ich mein neues Engagement antreten wollte, betrachtete mich der Regisseur und meinte: „Sie hatte ich mir aber ganz anders vorgestellt." Kokett fragte ich: „So? Etwa alt und häßlich?"

„Nein", seufzte er, „jung und hübsch!"

Meine erste Rolle war gleich eine tragende Rolle. Ich mußte als Magd einen Eimer Wasser über die Bühne tragen. Ich beschwerte mich: „Herr Direktor, die Rolle ist mir zu klein." „Gut", meinte er, „dann tragen Sie ab morgen eben zwei Eimer Wasser über die Bühne."

Einmal hatte ich auf der Bühne „Sekt" zu trinken. Ich sagte: „Herr Direktor, zu echtem Spiel erbitte ich mir auch echten Sekt." „Selbstverständlich", lächelte der Geizkragen, „Sie bekommen heute echten Sekt, dafür müssen Sie aber morgen in ‚Kabale und Liebe' auch echtes Gift trinken."

An dem Theater habe ich alles gespielt, sogar die Gläser am Büffet. Die anderen Schauspieler sagten dann immer zu mir: „Sage mir, wieviel Gläser du spülst, und ich sage dir, was für eine Flasche du bist."

Ich Herbst habe ich „Die Lerche" gespielt. Die Zuschauer meinten, ich spiele nicht nur einen Vogel, sondern ich hätte auch einen.

Als das Stück zu Ende war, freute ich mich über das beständige Klatschen meiner Zuhörer. Die Vorstellung fand auf einer Freilichtbühne statt. Ich verbeugte mich an der Rampe. Da packte mich der Intendant am Rockzipfel, zog mich hinter die Kulissen und sagte: „Sie alte Spinatwachtel, die Leute applaudieren nicht Ihnen – sie schlagen nur die Mücken tot."

Apropos „Mücken". Der Regisseur sagte: „Frau Müller, Sie sind nicht mit Geld zu bezahlen." Ich habe auch keines bekommen.

Dann legte er die Hand auf meine Backe und sprach: „Parfüm!" Ich verstand. Er meinte, ich sollte verduften.

Danach habe ich es noch einmal am Provinztheater in Techtelmechtel versucht. Der Portier fragte mich: „Waren Sie gestern bei ‚Figaros Hochzeit'?" „Nein", erwiderte ich, „aber mein Mann wird wohl ein Telegramm geschickt haben."

Bei der Probe im Theater sagte der Regisseur zu mir: „In diesem Kleid können Sie unmöglich auftreten." „Warum denn nicht", fragte ich erstaunt. „Es ist das neueste Pariser Modell!" „Das glaube ich", gab er zu bedenken, „aber wenn Ihr Partner im zweiten Akt zu Ihnen sagt: ‚Du verbirgst mir zuviel, Edeltrud', dann brüllt das Publikum vor Lachen."

Ein Kritiker schrieb am Tag darauf in der Morgenpost: „Frau Müller ist eine sich viel versprechende Schauspielerin."

Nach einer Untersuchung durch den Theaterarzt mußte ich meine so hoffnungsvolle Laufbahn als Schauspielerin beenden. Lächelnd sagte er: „Gnädige Frau, schätzen Sie sich glücklich. Sie werden eine ‚tragende Rolle' spielen."

Anschließend begann ich meine zweite Karriere als „Sängerin".

Ich stamme aus einer sehr musikalischen Familie. Meine Mutter spielte die erste Geige, mein Vater haute auf die Pauke, mir wurden die Flötentöne beigebracht – und wenn die Oma kam, dann zitherte die ganze Familie.

Schon als Schulkind lernte ich Klavierspielen. Ich saß mit meinem Geliebten am „Bach" und spielte „Händel" – danach gab es einen „Haydn" Krach.

Ein Piano ist ein harmloses Ding, die Gefahr droht von dem Pianisten. Meine Bekannten meinten damals, mein Klavierspiel müsse mit Gefängnis bestraft werden – wegen fortgesetzter Notenfälschung.

Kürzlich fragte ich meinen Mann: „Sollen wir uns nun eine Mozartbüste oder einen Kopf vom alten Beethoven auf's Klavier stellen?"

Er brummte: „Nimm lieber Beethoven, der war taub!"

Mein Mann hat vom Klavierspielen überhaupt keine Ahnung. Der kann doch einen Flugzeugflügel nicht von einem Konzertflügel unterscheiden.

Meinen Gesangsunterricht habe ich im Ausland genommen, – die Nachbarn haben gesammelt. Ich singe leidenschaftlich gern. Schon vor zwanzig Jahren hatte mich der Dirigent einer berühmten Tanzkapelle engagiert – als singende Säge.

Heute bin ich perfekte Blattsängerin. – Wenn ich singe, dann nehme ich kein Blatt vor den Mund. Die Leute sagen – so ein großes Blatt gäbe es auch gar nicht.

Beim hohen „C" habe ich doch einmal den Mund so weit aufgerissen, daß mir doch der hintere Eckzahn am Ohrring hängengeblieben ist. Ich singe zwar nicht so schön wie die Callas, dafür aber lauter und billiger. Beim Singen kneife ich immer die Augen zu. Das liegt an meiner Mentalität. – Ich kann andere Leute nicht leiden sehen. Mein Mann sagt immer: „Hör doch endlich mit der Singerei auf. Die Nachbarn müssen ja denken, ich verprügele unseren Hund!"

Apropos Nachbarn. Mein Nachbar, Fuchs heißt er, hat kürzlich geheiratet

– übrigens eine steinreiche Witwe. Ich beschloß, ihm zur Hochzeit ein Ständchen zu bringen. Lange habe ich überlegt, was ich wohl singen könnte. Dann hatte ich endlich etwas Passendes gefunden. Am Hochzeitstag stand ich mit strahlendem Lächeln vor dem Brautpaar und sang mit meinem herrlichen Sopran das bekannte Volkslied: „Fuchs, du hast die Gans gestohlen, gib sie wieder her!"

Meine Nachbarn warten schon mit Sehnsucht auf die nächste Bundestagswahl. Sie hoffen, daß ich dann meine Stimme abgebe.

Aber das sind keine wahren Musikfreunde. Ein wahrer Musikfreund ist ein Mann, der aus dem Badezimmer einen glockenreinen Sopran hört und sein Ohr an das Schlüsselloch legt.

Ich glaube, diese Nachbarn bringen es noch fertig, die Kinder von Margit Schramm als Schrammeln zu bezeichnen.

Kürzlich sagte ich zu meiner Nachbarin: „Also, das Radio ist trotz des Fernsehens doch immer noch etwas Herrliches. Gestern habe ich ‚Tannhäuser' gehört!" „Nein", strahlte da Frau Schulte, „wenn wir schon Radio hören, dann geben wir uns nicht mit so kleinen Stationen ab, wir hören dann schon lieber London, Paris oder Rom."

Im Foyer des Stadttheaters war ich neulich Zeuge, wie eine Besucherin zur anderen sagte: „Was sagen Sie zu unserer neuen Sopranistin?" „Na ja", meinte diese, „sie ist keine besonders gute Sängerin und auch keine besonders gute Schauspielerin. Aber auf jeden Fall ist sie eine gute Vierzigerin. – Darüber hinaus erreichte ihre Stimme zuweilen die Tiefe ihres Dekolletés."

Seinerzeit habe ich auf einer Wohltätigkeitsveranstaltung gesungen. Hier hatte ich großen Erfolg mit der Arie aus Nabucco „Schenk mir deine Milz, Amigo!" Als ich dann als Zugabe noch das Lied sang: „Morgen muß ich fort von hier", wollte der Beifall kein Ende nehmen. Das Publikum wurde immer unruhiger. Schließlich brach ich mein Lied ab und sagte gekränkt: „Ich möchte hoffen, daß hier im Saal auch Zuhörer sind, die gewillt sind, einer großen Künstlerin andächtig zuzuhören!" „Aber sicher!" rief eine freundliche Stimme aus dem Publikum. „Wann tritt denn die Dame endlich auf?"

Als ich am nächsten Tag die Kritik über meinen Liederabend las, wurde ich sehr böse. „Mach dir nichts daraus!" beruhigte mich der erste Tenor. „Dieser Zeitungsmensch hat ja keine eigene Meinung. Er schwatzt nur das nach, was andere Leute sagen!" Da kann ich nur mit Maria Callas antworten: Singe, wem Gesang gegeben – arme Leute haben kein Klavier!

Die geplagte Ehefrau

Eine für alle Damen aus dem Herzen gesprochene Rede über die Männer. Sie gehört in die Bütt. Hier haben Sie „endlich" einmal die Gelegenheit, sich allen Kummer von der Leber zu reden.
Kleiden Sie sich, wie es vor Jahrzehnten „Mode" war. Über „Ihren" Mann ist ein abfälliger, schnodderiger Ton wohl angebracht, wodurch die Wirkung des Vortrags gesteigert wird. Lassen Sie alle Anwesenden im Saale deutlich spüren, wie „glücklich" Sie verheiratet sind.

Schon der griechische Liebesgott Eros hat einmal während eines heimlichen Schäferstündchens zu dem mehrfach geschiedenen Heiratsschwindler Amor gesagt: „Drum prüfe, wer sich ewig bindet, ob sich nicht noch was Besseres findet!"
Liebe Närrinnen, hätte ich Dussel meinen „Alten" doch damals auch geprüft. Aber uns hat ja keiner aufgeklärt. Wir wußten noch nichts von Kolle und Sex. Wenn wir von „Sex" redeten, dann schlug es dreizehn. Ich habe meinen Mann durch ein Mißverständnis kennengelernt, ich winkte eigentlich einem Taxi.
Leute, was war der damals dünn. Er konnte sich hinter einem Laternenpfahl ausziehen. Er war so lang wie ein verkaufsoffener Samstag. Mein Mann war damals 2,08 Meter groß und sieht heute noch aus wie ein Bruder von Fernandel. Wir haben immer zusammen auf der Kegelbahn übernachtet. Mein Mann hat Zähne wie Sterne, – nachts kommen sie raus. Heute erinnert er mich an die Zauberflöte. Sein ganzer Zauber ist flöten gegangen. Während eines Ehekrachs sagte er einmal zu mir: „Edeltrud, daß du mir überhaupt noch ins Gesicht sehen kannst!" Gequält erwiderte ich: „Mit der Zeit gewöhnt man sich an alles."
O-Beine hat er auch. Die versucht er durch besonders weite Stiefelschäfte zu verdecken. Neulich hat er mir einen neuen Faltenrock geschenkt, ganz zu seinem Gesicht passend.
Gestern ist er 40 Jahre alt geworden. Am liebsten möchte ich ihn umtauschen. – Gegen zwei zu zwanzig. Früher habe ich immer Goldfisch zu ihm gesagt, – da hatte er auch noch nicht solche Flossen.
Der Pastor wollte uns damals gar nicht trauen. Unter uns gesagt: Uns „traute" überhaupt keiner. Die Hochzeit war herrlich, aber die Folgen war

sie nicht wert. Ja, die Ehe ist eine belagerte Festung. Die draußen sind, wollen hinein, die drinnen sind, möchten wieder hinaus. Ich habe meinen Mann spät kennengelernt, erst nach den Flitterwochen. Dabei hätte ich eine viel bessere Partie machen können.

Vor der Hochzeit sagte ich zu meiner besten Freundin: „Du Erika, ich habe zwei Freunde. Der eine ist Arzt und der andere ist Studienrat. Wen soll ich heiraten?" Sie meinte: „Den Studienrat natürlich." „Wieso?" wollte ich wissen. „Aber das ist doch ganz einfach," lachte sie, „der Arzt sagt immer: ‚Der nächste bitte'. Der Studienrat aber sagt: ‚Und nun machen wir das ganze noch einmal von vorn'."

Wenn ich heute noch einmal zu entscheiden hätte, dann würde ich das Ganze noch mal von vorn anfangen. Aber irren ist menschlich, sagte der Hahn und stieg von der Ente.

Als ich vor der Hochzeit meine Stellung kündigte, sagte die gnädige Frau Neureich ganz verzweifelt zu mir: „Ach, Edeltrud, heiraten wollen Sie? Glauben Sie denn, daß Sie es dann besser haben?"

Ich lächelte: „Besser nicht, aber öfter."

Für die Trauung habe ich dem Pastor 100 Mark gegeben. Da sah er sich meinen Mann noch einmal kurz an, dann hat er mir 50 Mark zurückgegeben.

Zum Essen sind wir alle in die Kneipe gegangen. Mittags gab's acht Gänge – und zwei Notausgänge. Auch ich mußte zweimal an die frische Luft, um sie zu schnappen.

Nachmittags wären wir gerne ins Kino gegangen. Es lief der Liebesfilm: Sex von sechs bis sechs. Aber die haben uns nicht hereingelassen, wir waren nämlich sieben. Abends haben wir uns alle mit dem Bauch an den Ofen gestellt und das Mittagessen wieder aufgewärmt. Nach der Hochzeit wollte ich auswandern, nach Kanada. Aber mein Mann war dagegen. Er sagte: „Kan-sie-da, kann sie auch hier."

Wir hatten nur das Allernötigste: einen Fernsehapparat und ein Bett. Das Wohnungsamt gab uns dann auch noch eine ganz feuchte Wohnung. Abends haben wir eine Mausefalle aufgestellt, und morgens war ein Hering drin.

Daraufhin habe ich einen gepfefferten Brief an das Wohnungsamt geschrieben: „Sehr geehrte und Herren, es ist nicht mehr zum Aushalten. Seit drei Wochen liege ich mit 39 im Bett. Ich werde meinen Schnupfen nebst meinem Mann nicht mehr los. Außerdem bin ich in anderen Umständen, nun frage ich Sie, muß das sein?"

Höchst zufrieden kam mein Göttergatte nach der ersten Flitternacht gewaschen und rasiert aus dem gemeinsamen Badezimmer und sagte: „Edeltrud, wenn ich mich so gut rasiert habe, fühle ich mich gleich um 10 Jahre jünger." Ironisch erwiderte ich darauf: „Dann wäre es mir lieber, du würdest dich abends rasieren."

Anschließend holte ich unser Hochzeitsbild ab. Bestürzt rief ich aus: „Mein Mann sieht ja aus wie ein Affe!" Gelassen entgegnete der Fotograf: „Das hätten Sie doch schon vor der Hochzeit bemerken müssen."

Mein Mann war ja früher bei der Straßenbahn beschäftigt. Jede Nacht träumte er davon. Jedesmal wenn ich ins Bett wollte, dann rief er: „Besetzt!" Lag ich vorne, dann rief er: „Eingang freihalten!" Lag ich in der Mitte, dann rief er: „Nach hinten durchgehen!" Lag ich an der Wand, dann rief er: „Nach vorne durchgehen!" Dann rief er wieder: „Bitte noch etwas enger zusammenrücken!" Ich wußte überhaupt nicht mehr, wo ich mich hinlegen sollte. Von Zeit zu Zeit rief er auch: „Auf- und Abspringen während der Fahrt verboten!" Wenn ich dann endlich todmüde eingeschlafen war, dann rief er plötzlich und unerwartet: „Alles aussteigen, Endstation!"

Mein Mann hat öfters ganz ausgefallene Ideen. Als ich kürzlich von einer Besuchsreise zurückkam, hatte er sogar eine wildfremde Frau im Kleiderschrank versteckt. Entrüstet sagte ich: „Erich, ist denn das nötig, wo wir sowieso keinen Platz im Kleiderschrank haben?"

Meine Freundin Erika sagte seinerzeit einmal zu mir: „Edeltrud, warum läßt du dich eigentlich nicht scheiden, wo du doch weißt, daß dein Mann dich mit vier Frauen betrügt?" „Ja, weißt du", entgegnete ich, „ich bin lieber mit 20 Prozent an einer guten Sache beteiligt, als mit 100 Prozent an einer schlechten." Ich bin „sehr glücklich" verheiratet, denn dreimal haben wir schon die Scheidung hinausgeschoben.

Kürzlich hatten wir den allerschönsten Ehekrach. Mein Mann brüllte: „Nimm dich in acht, sonst kommt das Tier in mir noch heraus!" „Na, so was", antwortete ich, „glaubst du vielleicht, ich hätte Angst vor 'nem mickrigen Regenwurm?"

Einmal warnte er mich: „Wenn ich tot und begraben bin, dann wirst du schon dahinterkommen, daß du so einen Mann wie mich nie wieder kriegst!" Lachend erwiderte ich darauf: „Das ist ja immerhin ein Trost!"

Und dann behauptet dieser Mann immer: „Edeltrud, ich bin auf deiner Seite." So ein Blödsinn, das ist mein Blinddarm auch.

Wie heißt doch gleich das schöne Sprichwort: „Ein Mann im Haus erspart den Handwerksmann." Daß ich nicht lache. Neulich hat mein Mann die

Kuckucksuhr repariert. Na, und was ist? Jetzt kommt der Kuckuck heraus und fragt wie spät es ist.

Nicht nur der Kuckuck kommt, neulich kam auch mein Junge heulend in die Küche und jammerte: „Mama, das Pferd hat Papa vor den Bauch getreten!" Ich sagte: „Aber Junge, deshalb brauchst du doch nicht zu weinen!" „Denkste, Mama, – ich habe vorher auch gelacht!"

Mein Mann ist so ein richtiger Pferdenarr. Neulich war ich deswegen beim Arzt und habe gesagt: „Herr Doktor, helfen Sie meinem Mann, er bildet sich ein, ein Rennpferd zu sein. Er ißt nur Hafer und trinkt Wasser aus dem Eimer." „Tja, Frau Müller", meinte der Doktor, „so eine Behandlung kostet aber viel Geld!" „Das macht nichts", erwiderte ich, „er hat schon vier Rennen gewonnen!"

Essen und trinken kann mein Mann, aber vom Kochen hat er überhaupt keine Ahnung. Als ich einmal verreist war, hat er die Kartoffeln anbrennen lassen, – da hat er Brandsalbe draufgeschmiert.

Neulich hat er unseren Jüngsten im Kinderwagen spazierengefahren. Ein Passant schaute in den Wagen hinein und sagte: „Mein Herr, der Kleine ist Ihnen ja wie aus dem Gesicht geschnitten." Nun, der Junge lag gerade auf dem Bauch.

Mit den Kindern hat man auch nichts als Ärger. Mein Junge, er ist jetzt fünf, hat tausend Fragen und Wünsche am Tag. Unlängst sagte er: „Mutti, ich möcht so gern mit Opa schaukeln." Energisch antwortete ich: „Opa bleibt so lange hängen, bis die Polizei kommt."

Später sagte er: „Mutti, ich möchte so gern mit Opa spielen!" Ich zischte: „Kommt nicht in Frage, – der Sarg bleibt zu."

Beim Abendessen sagte er: „Mutti, ich mag mein Brüderchen nicht mehr." Gelassen erwiderte ich: „Es wird gegessen, was auf den Tisch kommt."

Am nächsten Tag zwitscherte er: „Mutti, ich möchte nicht immer nur im Kreis herumlaufen." Da war ich wütend und schrie: „Sei jetzt ruhig, sonst nagele ich dir den anderen Fuß auch noch fest."

Zum Schluß sagte er dann noch: „Mutti, wenn du von meiner Fragerei wahnsinnig geworden bist, – darf ich dich dann in der Irrenanstalt besuchen?"

Na, und meine Älteste ist auch nicht besser. Sie ist jetzt achtzehn. Im vergangenen Sommer hatten wir eine Party. Ich kam ins Schlafzimmer und sah meine Tochter in inniger Umarmung mit einem jungen Mann. „Laß sofort den jungen Mann los!", rief ich empört. „Aber Mama", maulte meine Tochter, „ich habe ihn doch zuerst gesehen!"

Jetzt habe ich mit Schrecken entdeckt, daß sie ein Baby erwartet. Ich machte ihr heftige Vorwürfe und habe sie gefragt: „Sag mal, Susi, wo hattest du denn nur deinen Kopf, als das passierte?" Darauf flüsterte das Menschenkind ganz arglos: „Auf deinem Sofakissen."

Also, wenn man so etwas hört, dann muß man ja krank werden. Deswegen ging ich gestern zum Arzt und klagte: „Herr Doktor, wenn ich im Bett auf der linken Seite liege, dann tut mir mein Herz weh. Liege ich auf der rechten Seite, dann schmerzt meine Leber."

Da meinte unser Hausarzt: „Ja, liebe Frau Müller, haben Sie nicht einmal versucht, auf dem Rücken zu liegen?"

Ich jammerte: „Natürlich, Herr Doktor, aber dann kommt mein Mann!"

„Und wenn Sie sich auf den Bauch legen – dann ist es doch besser?" „Ach, Herr Doktor", schluchzte ich, „Sie kennen meinen Mann nicht!"

Vorsicht!
Frau am Steuer

Es gibt viele Möglichkeiten, diesen Vortrag an den Mann zu bringen. Wird er in der Bütt zum Besten gegeben, dann wäre ein Kostüm mit einem aufgemalten Auto, vielleicht noch einer Tankstelle und einem Schutzmann zu empfehlen. Ersatzteile wie Rad, Hupe, Lenkrad usw. können Sie noch mitschleppen, und Ihre Aufmachung wäre perfekt. Noch eins: Während des Vortrags schalten Sie auf harmlos, denn was am Auto und im belebten Straßenverkehr um Sie herum geschieht, braucht Sie nicht zu kümmern …

K ürzlich sagte ich zu meinem Mann: „Was muffelst du so auf dem Brot herum, Erich?" „Ach", meinte er fast zärtlich, „in der Wurst ist ein Stück Autoreifen, Traudi!" Ich lächelte: „Da kannste mal sehen! Das Automobil verdrängt doch immer mehr das Pferd!"

Man darf die Motorisierung aber nicht nur negativ sehen. Sie hat auch positive Seiten. Denken Sie nur an den Rückgang der Pferdediebstähle! Seit einiger Zeit bin auch ich stolze Autobesitzerin. Und das kam so: „Ich mußte schnell mal telefonieren, deswegen ging ich gegenüber in die Autohandlung. Da konnte ich schlecht wieder weggehen, ohne eine Kleinigkeit gekauft zu haben.

Zugegeben, der Wagen ist ein bißchen klein – ohne Schuhanzieher kommt man da gar nicht hinein. Aber den hat der Verkäufer gleich mitgeliefert. Beim Reinigen habe ich das Auto einmal mit dem Schlauch abgespritzt, das sagte ein kleiner Junge zu mir: „Tante, den brauchst du nicht zu gießen, der wächst doch nicht mehr."

Ein paar Tage später mußte ich meinen Hausarzt aufsuchen, ich sagte zu ihm: „Herr Doktor, wenn ich den Oberkörper beuge, so daß er mit den Beinen einen rechten Winkel bildet, wenn ich mich seitwärts drehe, die Hüften zurücknehme, dann die Beine krümme und mich langsam aufrichte, dann haben ich immer solche Schmerzen im Kreuz!"

Der Doktor staunte: „Aber warum machen Sie denn solche verrückten Bewegungen?" Ich erklärte: „Ja, das muß ich, wenn ich in meinen neuen Kleinwagen steige!"

Auf jeden Fall ist ein Kleinauto besser als ein Moped. Ich hatte mal so ein Ding. Der Verkäufer, der mir seinerzeit das Vehikel verkaufte, meinte scherzhaft: „Gnädige Frau, sicher ist das Moped ein wenig klein, aber das macht nichts – das tritt sich noch aus."

Nun, lange hat der Spaß sowieso nicht gedauert. Eines Tages war es spurlos verschwunden. Verbittert über den Verlust ging ich zur Polizei und meldete: „Ich wollte anzeigen, daß man mir mein Moped gestohlen hat." Der Beamte fragte: „Hatte das Moped eine Bremse?" „Nein", erwiderte ich. Er forschte weiter: „War denn ein Katzenauge daran befestigt?" Ich verneinte wieder. Darauf sagte der strenge Beamte: „So, das macht zunächst erst einmal 20 Mark Strafe. Dann wollen wir weiter sehen."

Dann fragte er mich noch: „Wie alt sind Sie?" Darauf erwiderte ich: „Ich bin älter als ich aussehe, und jünger als ich bin."

Also ehrlich, ich möchte kein Schutzmann sein. Mit viel Schwung bog ich kürzlich mit meinem Wagen in eine Einbahnstraße ein.

„Halt!" rief der Verkehrsschutzmann. „Haben Sie das Sperrschild nicht gesehen?" Ich schob den Kopf aus dem Wagenfenster und lächelte: „Das Schild schon! Aber Sie nicht."

Dann gab ich Gas und fuhr zwölfmal um die Verkehrsinsel herum. Dem Polizisten wurde es zu bunt. Er stoppte mich und schrie: „Sagen Sie mal, was soll das heißen, hier ständig im Kreis herumzufahren?" Zuckersüß zwitscherte ich: „Ich kann nicht anders, mein Winker klemmt!"

Dann brachte ich die „Mühle" in die Reparaturwerkstatt. Als ich den Wagen wieder abholen wollte, sagte der Mechaniker: „Gnädige Frau, ich habe bei der Gelegenheit auch die Kerzen ausgewechselt, die alten waren hinüber." Ich schüttelte verwundert den Kopf: „Aber das ist doch ganz unmöglich! Ich bin doch immer nur bei Tag gefahren!"

Daß ich von technischen Dingen nicht viel verstehe, das verdanke ich nur meinem Fahrlehrer. Als ich von meiner ersten Fahrstunde zurückkam, meinte mein Mann: „Ich kann mir kaum denken, daß dieser alte, weißhaarige Herr ein guter Fahrlehrer sein soll!" „Ach", wehrte ich ab, „heute morgen, als wir wegfuhren, hatte er noch schönes dunkles Haar!"

Damals fragte ich den Fahrlehrer: „Wieviel werde ich noch brauchen, bis ich es kann?" „Ungefähr drei", erwiderte er. Ich strahlte: „Was, nur noch ungefähr drei Stunden?" Er schüttelte den Kopf: „Nein, drei Autos!"

Mein Mann war ja gegen die Autofahrerei. Der wollte erst ein Baby haben. Aber dann haben wir uns doch für ein Auto entschieden, weil der Liefertermin kürzer ist.

Das ist aber auch so ein richtiger „Lieferwagen", – wer sich da hineinsetzt, der ist geliefert. Das hatte mein Mann sofort erkannt. Er machte mir jetzt dauernd Vorhaltungen. Mein Mann ist sehr nachtragend. Der ist so „nachtragend", daß er einen Anhänger braucht.

Auf die Frage meiner Freundin, ob ich schon einmal einen Autounfall gehabt hätte, sagte ich: „Wie man's nimmt. Ich habe meinen Mann an einer Tankstelle kennengelernt."

Kürzlich fuhr ich einmal an einer Großtankstelle vor. Ich sagte: „Bitte zwei Liter Benzin und ein achtel Öl! Aber bitte rotes Öl, meine roten Bremslichter brennen nicht mehr. Und dann spritzen Sie bitte noch etwas Elektrizität in die Batterie!" Der grinste: „Gern meine Dame! Soll ich Ihnen auch noch in die Reifen husten?"

Ich kann darüber gar nicht lachen. Ebensowenig kann ich darüber lachen, daß meine älteste Tochter jetzt ein Kind erwartet. Ich machte ihr heftige Vorwürfe und fragte: „Sag mal, Susi, wo hattest du denn nur deinen Kopf, als das passierte?" Treuherzig meinte sie: „Unter dem Lenkrad, Mami".

Apropos Lenkrad: Das ist das einzige, das sich in meinem Wagen nicht bewegen läßt. Er hat auch noch andere Mängel. Der Motor raucht. Warum auch nicht, – alt genug ist er ja. Also, wenn der Wagen sich in Bewegung setzt, dann macht er einen derartigen Krach, daß Uneingeweihte glauben, aus dem Vehikel würde geschossen.

Ich habe ihn auf den Namen „Storch" getauft, weil er immer klappert. An dem Ding gibt es nicht ein einziges Teil das kein Geräusch macht, ausgenommen die Hupe. Seitdem ich ein Auto habe, gibt es bei uns jeden Tag Geflügel. Die Geflügelpreise kenne ich schon auswendig.

Neulich habe ich mal wieder ein Huhn überfahren. Ich trug es zum nebenstehenden Hof und fragte die Bäuerin: „Kommt das Huhn aus Ihrem Stall?" Die Bäuerin sah es kritisch an und meinte: „Nein, so flache Hühner haben wir nicht!"

Einmal hatte ich mit meinem Wagen ein anderes Auto gestreift. Wütend sprang der Fahrer heraus und schimpfte: „Sind Sie denn blind?" Ich erwiderte trocken: „Was heißt hier blind, – ich habe Sie doch getroffen!" Dann schrie er noch: „Haben Sie überhaupt schon die Fahrprüfung gemacht?" „Ha, ha", lachte ich, „bestimmt schon öfter als Sie!"

Seitdem ich das Auto habe, bin ich schwer magenkrank. Aber das kommt nur von dem ewigen Kilometerfressen. Die ganze Verwandtschaft will Sonntag spazieren gefahren werden. Keiner steuert etwas für das Benzin bei. Im Gegenteil, die Herren bringen ihr Feuerzeug mit, um es zu füllen.

Neulich habe ich meine beste Freundin mit meinem Kleinstwagen nach Hause gefahren. Plötzlich sagte sie: „Was ist denn das für eine lange Mauer, an der wir entlang fahren?" Ich erklärte: „Das ist keine Mauer, sondern die Bordsteinkante."

Vier Wochen später ist mir mein Kleinstauto gestohlen worden. Das muß ein Taschendieb gewesen sein.

Da der Arzt mir viel „Eisen" verordnet hat, habe ich mir einen großen Gebrauchtwagen zugelegt. Den habe ich von der Post übernommen. Der bleibt vor jedem Briefkasten stehen. Sonst fährt der Wagen wie der Blitz – immer im Zickzack. Lenke ich nach Zick, dann fährt der Wagen nach Zack. Hin und wieder schlägt er auch in Bäume ein. Er hat achttausend Mark gekostet. Ich kann Ihnen den Zahlungsbefehl zeigen. Der Wagen ist schon oft überholt worden, – sogar von Radfahrern.

Kürzlich habe ich in einer Kurve einen Radfahrer überrollt. Der Oberarzt in der Chirurgischen Klinik sagte: „Frau Müller, Sie haben die arme Frau des Unfallopfers doch nicht gleich mit der vollen Wahrheit vor den Kopf gestoßen?" „Aber, wo denken Sie hin, Herr Doktor," erwiderte ich. „Ich habe den Sanitäter gebeten, zunächst erst einmal das rechte Bein zu ihr nach Hause zu bringen."

In die Klinik wurde noch ein Schwerverletzter eingeliefert. Der arme Mann hatte das Pech, unter eine Dampfwalze zu geraten. Jetzt liegt er auf Zimmer acht bis zwölf.

Mein Mann liegt auch schon wochenlang im Krankenhaus. Und das kam so: Wir fuhren mit unserem Auto. Mein Mann saß am Steuer. An einer Kreuzung fragte er mich: „Kommt von rechts ein Auto?" „Nein", erwiderte ich. Mein Mann fuhr los, kurz darauf krachte es. „Warum hast du gesagt, es käme nichts?" schnaufte er. Beleidigt erwiderte ich: „Du hast mich nach einem Auto gefragt und nicht nach einem Panzer!" Ich habe keine Schramme abbekommen, ich bin selbst für Panzer zu zäh.

Hin und wieder ist mein Mann richtig grob zu mir. Aber das geht uns Frauen ja allen so. Gute Ehemänner sind so rar geworden wie Parkplätze in der Großstadt. Als ich kürzlich vom Parkplatz an die Kreuzung fuhr, würgte ich den Motor ab. Verzweifelt bemühte ich mich, den Wagen wieder in Gang zu bringen. Die Lichtzeichen wechselten von Grün auf Rot und von Gelb über Rot auf Grün. Der Wagen stand eisern, hinter mir eine Schlange hupender Autos. Schließlich kam ein Verkehrspolizist zu mir und fragte: „Na, meine Dame, ist bei den Lichtern keine Farbe dabei, die Ihnen zusagt?"

Und dann kam noch der Fahrer des Wagens hinter mir an. „Wollen Sie nicht endlich weiterfahren?" fragte er. Ich erwiderte: „Wenn Sie meinen Wagen in Gang bringen, übernehme ich gern für Sie das Hupen in Ihrem." Der Quatschkopf, jedenfalls habe ich die Fahrprüfung so gut bestanden, daß ich sie auf allgemeinen Wunsch noch dreimal wiederholen mußte. Bei der Fahrprüfung wurde mir unter anderem die Frage gestellt: „Weshalb darf man am Steuer eines Wagens nicht küssen?" Das wußte ich sofort. „Weil dann dem Kuß nicht die Aufmerksamkeit zukommt, die er unbedingt verlangt!"

Bei der Prüfung wurde ich auch gefragt: „Was machen Sie, wenn Sie mit Ihrem Wagen an eine Kreuzung kommen?" Ich erklärte: „Ich fahre mit meinem Wagen ganz langsam an die Kreuzung heran und halte. Dann steige ich aus, – gehe ein Stückchen in die linke Straßenseite hinein und gucke, ob einer kommt. Dann gehe ich ein Stück in die rechte Straßenseite hinein und sehe auch hier nach, ob einer kommt. Dann laufe ich zu meinem Wagen zurück, gebe Vollgas – und sause über die Kreuzung hinweg."

Das habe ich auch getan, und dabei leider Gottes einen Schutzmann umgefahren. Aber der war ja selber schuld. Der Mensch stand mitten auf der Kreuzung, mir direkt im Weg. Stellen Sie sich das einmal vor, während der Hauptverkehrszeit macht das Mannsbild da seine Freiübungen. Als der frech wurde, habe ich zu ihm gesagt: „Sie kennen wohl auch die Verkehrsvorschriften noch nicht? Da steht ganz deutlich drin: Der Schutzmann ist zu umfahren." Daraufhin tippte sich der Hüter der Ordnung immer wieder an die Stirn, womit er unmißverständlich andeuten wollte, daß ich „Köpfchen" habe. Als er dann noch zu mir sagte: „Zeigen Sie mal Ihren Führerschein", – den er mir doch selber vor vier Wochen weggenommen hatte –, „damit ich Strafanzeige gegen Sie stellen kann", verlor ich die Nerven. Mit dem gerade neu eingekauften Nudelholz schlug ich ihm eins über die Birne. Ich bin gar nicht für Streit. Ich liebe die Friedlichkeit. Und Sie glauben gar nicht, wie friedlich der nachher war.

Also, manchmal wünschte ich mir, ich hätte überhaupt keinen Wagen. So wie z. B. meine Nachbarin. Ihr Arzt ist ein toller Bursche, er hat ihr im Handumdrehen wieder auf die Beine geholfen. Seine Rechnung war so hoch, daß sie ihr Auto verkaufen mußte.

Kürzlich wurde ich gefragt: „Frau Müller, ist das eigentlich Ihr Wagen?" „Nur zum Teil", erwiderte ich. „Wenn irgendwo eine Tanzveranstaltung ist, dann gehört er meiner Tochter. Bei Fußballspielen und sonstigen Sportveranstaltungen gehört er meinem Sohn. Auf Geschäftsreisen – oder was man sonst darunter versteht – gehört er meinem Mann. Mir gehört er eigentlich nur, wenn er frisch gewaschen und auf Hochglanz poliert werden muß."

Aber am letzten Sonntag haben wir einen zünftigen Ausflug gemacht. Doch plötzlich wurden wir von einem Streifenwagen gestoppt. „Wie konnten Sie bei Rot über die Kreuzung fahren?", fauchte der Polizist meinen Mann an. Unser Vater stierte ihm nur geistesabwesend in die Augen. Der Schupo brüllte: „Zeigen Sie mal Ihren Führerschein!" „Ich habe keinen Führerschein", stammelte mein Mann. Da griff ich in die Debatte ein: „Hören Sie doch nicht auf meinen Mann, sehen Sie denn nicht, daß er total betrunken ist?" Der Schutzmann schnappte nach Luft. Da hörte er aus dem Fond des Wagens leises Weinen. Unsere jüngste Tochter schluchzte: „Ach, Herr Wachtmeister, wenn Papa blau ist, haben wir immer Pech mit den geklauten Autos!"

Ja, ja, die einzige Steuer, die unser Papa bezahlt, ist die Branntweinsteuer.

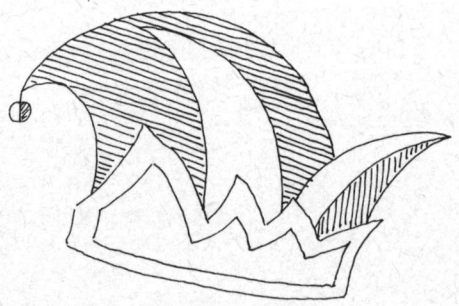

95

Heiraten
ist immer ein Risiko!

Auch dieser Vortrag ist für alle geselligen Zusammenkünfte (Bütt, Kegelabend, Betriebsfest, etc.) wie geschaffen. Je nach Art der Festlichkeit sollten Sie die Auswahl Ihrer „Aufmachung" treffen.
Spielen Sie die vom Glück enttäuschte und beklagenswerte Ehefrau und lassen Sie das während Ihres Referates deutlich genug und mit Ausdauer immer wieder anklingen.

Wär das eine Freude, wenn ich von meinem Mann auch einmal so herzlich empfangen würde, wie hier von Ihnen.
Hier weiß man wenigsten, daß man willkommen ist. Hoffentlich werden Sie für Ihre Vorschußlorbeeren nicht enttäuscht.
Eigentlich wollte ich gar nicht hier erscheinen, – aber wie ich sehe, sind Sie ja doch gekommen.
Wir wollen heute sehr lustig sein, – ich sehe schon schwarz. Meine Großmutter hat immer gesagt: Feste feiern ist angenehmer als feste arbeiten. Da hinten in der letzten Reihe sehe ich einen Herrn dauernd lachen. Das scheint ein Optimist zu sein. Optimismus ist, wenn einer vom fünfundzwanzigsten Stockwerk hinunterfällt und sich beim fünfzehnten Stock sagt, eigentlich ist mir noch gar nichts passiert.
Aber wenn Sie wüßten, was mir alles schon passiert ist, dann würden Sie die Hände über dem Kopf zusammenschlagen. Dann kämen Sie aus dem „Händeklatschen" gar nicht mehr heraus.
„Gratuliere, junge Dame! Sie werden sich immer gern daran erinnern, daß heute der glücklichste Tag Ihres Lebens war", sagte seinerzeit mein Chef zu mir. Verlegen stotterte ich: „Ja, aber ich heirate doch erst morgen...?"
„Eben drum, Fräulein Müller, eben drum!"
Schade, daß Sie meinen Mann nicht kennen. Nun, stellen Sie sich einen Mann vor: schlank, schön, geistreich, strebsam, arbeitsfreudig, voll Güte, sanft und nachgiebig, groß, mit dichtem vollem Haar – und genau das Gegenteil davon, das ist er.
Als er kürzlich auf der Personenwaage stand, sagte ich: „Ja, mein Lieber, für dein Gewicht müßtest du drei Meter achtzig groß sein."

Mein Mann ist täglich viermal selig. Morgens geht er trübselig zum Dienst. Bei der Arbeit ist er saumselig, nach Dienstschluß glückselig und abends bierselig.

Als mich meine Mutter damals fragte, wen ich denn gerne heiraten möchte, sagte ich: „Am liebsten den Karl." „Nee, Kind", meinte meine Mutter, „nimm den nicht, der säuft, und das wird dann später immer schlimmer." „Dann den Rudi!", freute ich mich. Meine Mutter schüttelte den Kopf: „Den auch nicht. Der lügt und stiehlt, und das wird auch immer schlimmer." „Dann nehme ich den Erich!" frohlockte ich. – „Ach den?", räusperte sich meine Mutter. „Der dir immer unter die Röcke faßt? Ja, den kannst du ruhig nehmen, denn das läßt in der Ehe nach!"

Mein Erich war ein richtiger Gentlemen. Bevor er mich küßte, nahm er immer die Pfeife aus dem Mund.

Einmal fragte ich ihn: „Erich, liebst du mich?" Darauf antwortete er: „Ja, gleich, ich muß erst ein Handtuch übers Schlüsselloch hängen!"

Wir haben uns durch die Zeitung kennengelernt, und zwar durch folgende Annonce: „Schwiegermutter gesucht! Junger Mann, 37 Jahre, sucht bei nicht unbemittelter Mutter einer reizvollen Tochter Stelle als Schwiegersohn." – Das war unser Anfang vom Ende.

Dann kam er wochenlang zu meinen Eltern und mir zum Abendessen. Er konnte sich aber nicht dazu durchringen, endlich um meine Hand anzuhalten. Schließlich wurde es meinem Vater zu dumm, und so sagte er eines Abends: „Junger Freund, Sie kommen nun schon seit Wochen zum Essen zu uns. Sie können uns jetzt ruhig sagen, was Sie wollen." Darauf mein Erich: „Gut, dann möchte ich mal Hasenbraten mit Rotkraut."

Dieses Essen gab es dann an unserem Hochzeitstag. Spät abends packte mich mein frischgebackener Ehemann, trug mich über die Türschwelle, warf mich aufs Bett, schaltete den Fernseher an und sagte: „Schön, du hast mich so lange warten lassen, bis wir verheiratet waren. Ich glaube nicht, daß es eine Zumutung ist, dich nun warten zu lassen, bis das Fußballspiel vorbei ist."

Als ich am nächsten Morgen erwachte, sah ich meinen Mann mit einem Tablett ins Schlafzimmer kommen. Darauf standen das Kaffeegeschirr, ein erstklassiger Kaffee-Hag, zwei gekochte Eier, frische Brötchen, Butter, Honig und Marmelade. „Ach, wie lieb von dir, Erich!", rief ich entzückt. „Wie herrlich ist es doch, verheiratet zu sein."

„Ja", erwiderte mein Angetrauter, „ich habe jetzt genau das gemacht, was du von nun an jeden Morgen zu erledigen hast!"

Die nächsten drei Monate ist er überhaupt nicht zur Arbeit gegangen. Wenn ich ihn darauf ansprach, meinte er nur: „Liebling, ich kann dich doch hier nicht allein lassen." Aus Rücksichtnahme blieb er bis mittags im Bett liegen, – er wollte mir bei der Arbeit nicht im Wege stehen. Einmal kam ich zu ihm ins Schlafzimmer und beklagte mich. Da tröstete er mich mit den Worten: „Schon gut, schon gut, wenn ich dir versprochen habe, das Geschirr zu spülen, dann halte ich das auch. Also bitte, bringe es herein."

Einmal überraschte ich meinen Mann, als er unsere Hausgehilfin auf dem Arm hatte. Ärgerlich darüber rief ich: „Jetzt bist du wohl nicht mehr krank? Aber wenn du mir einen Eimer Kohlen aus dem Keller holen sollst, dann stöhnst du."

Als unsere Minna sich seinerzeit bei mir vorstellte, fragte ich: „Lieben Sie Kinder?" „Na, ja", meinte sie etwas gedehnt, „ich würde es aber vorziehen, wenn der gnädige Herr aufpaßt!"

Vor ein paar Monaten sagte ich zu ihr: „Minna, was interessiert Sie eigentlich so? Die Soldaten haben Sie doch schon oft genug hier vorbeimarschieren sehen?" „Ja", strahlte da Minna, „aber heute ist einer darunter, mit dem ich noch nicht ausgegangen bin!"

Das war eine ganz Schlimme, denn sie brachte mir immer Männer mit in die Wohnung.

Mein Biologielehrer sagte früher immer: „Man sieht jetzt nur noch selten Störche. Aber das ist kein Wunder, weil kaum noch ein Mensch an sie glaubt."

Unsere ersten Kinder waren Zwillinge. Einmal fragte mich die Nachbarin: „Wie halten Sie die beiden nur auseinander?" – „Ganz einfach", antwortete ich, „der eine hat die Mandeln 'raus!"

„Alle Nachbarn beklagen sich über unseren Jungen", sagte ich seinerzeit bekümmert. „Und leider haben sie auch recht, denn der Bengel ist zu frech!" – „Dann werde ich ihm ein Fahrrad kaufen", erwiderte mein Mann. Ich staunte: „Glaubst du, daß er dann sein schlechtes Benehmen ablegen wird?" – „Das nicht", murrte mein Mann, „aber er wird es auf einen größeren Raum verteilen."

Als er wirklich einmal brav war, bin ich mit ihm in den Zoo gegangen. Da hörten wir eine Nachtigall singen, und ich sagte: „Na, Rainer, möchtest du nicht auch so singen können wie eine Nachtigall?" „Nee, Mutti", beteuerte Rainer, „lieber spucken wie ein Lama."

Oh, der Bengel hat mich schon oft in Verlegenheit gebracht. Einmal sagte er doch zu mir: „Ich weiß gar nicht, warum du immer behauptest, Onkel

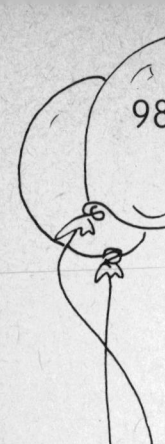

Peter sei ein netter Mensch. Immer sperrst du ihn in den Schrank ein, wenn Vati plötzlich nach Hause kommt!"

Aber in der Schule ist er gut. Als der Lehrer ihn einmal fragte: „Was weißt du über den Nutzen der Ziegen?" antwortete Rainer: „Von der Geiß bekommen wir die Milch und vom Bock das Bier."

Das große Mundwerk hat der Bengel von seinem Vater geerbt. Einmal mußten wir den Doktor zu meiner Mutter rufen. „Rainer", sagte der Arzt, als er das Krankenzimmer verließ, „deine Oma ist sehr, sehr krank. Sag ihr etwas recht Freundliches." – Da sauste Rainer an das Bett der Oma und sagte: „Willst du mit Musik begraben werden, Oma?"

Mit den beiden Mädchen habe ich eigentlich wenig Ärger gehabt. Kürzlich war ich wegen ein paar Erinnerungsfotos beim Fotografen. „Ich möchte gern meine Töchter fotografieren lassen", sagte ich. „Kann ich machen", erwiderte dieser. „Ich würde Ihnen vorschlagen, es so zu machen, wie es die meisten Eltern wünschen. Zuerst ein paar Aufnahmen in kurzen Hemdchen, die gerade noch bis zum Po reichen, dann ein paar Fotos auf dem Töpfchen, die wirken immer und sind bestimmt ganz lustig." „Von mir aus", erwiderte ich etwas unsicher. „Aber das müssen Sie meinen Mädels schon selber sagen. Die eine ist zweiundzwanzig, die andere einunddreißig!"

Die Zweiundzwanzigjährige macht mir zur Zeit Kummer. Wegen ihr habe ich schon folgenden Brief an Frau Irene geschrieben: „Ich bin der Verzweiflung nahe, weil meine Tochter einen Mann heiraten will, der schon einmal im Gefängnis gesessen hat und außerdem säuft. Wie kann ich sie nur davon abhalten, ihn zu heiraten, – und auf welcher Seite sitzt die Brautmutter in der Kirche?"

Als ihr der Doktor eröffnete, daß sie ein Kind erwartet, war sie entsetzt. „Diese Schande", schluchzte sie, „ich kann nicht mehr nach Hause." Darauf meinte der greise Arzt begütigend: „Sie können unbesorgt sein. Ich habe Ihr Fräulein Mutter gekannt, ich habe auch Ihr Fräulein Großmutter gekannt – gehen Sie nur ruhig heim und erzählen Sie alles."

Nachdem mein Mann davon erfuhr, wurde er böse. Er brüllte los: „Was höre ich? Du kriegst ein Kind? Habe ich dir nicht immer geraten, nein zu sagen?" – „Hab ich ja auch, Vati", heulte Susi. „Als Jürgen mich fragte, ob ich was dagegen hätte, habe ich laut und deutlich nein gesagt!"

Eines Tages stand der reiche Vater dieses jungen Mannes bei mir im Rahmen. Er beschwor mich, nicht auf einer Heirat zu bestehen. Er werde großzügig für das Kind sorgen: „Wenn es ein Junge wird, werde ich für ein Studium sorgen, bei einem Mädchen für eine reichliche Aussteuer!" sagte er.

Darauf entgegnete ich: „Und wenn es nun eine Fehlgeburt wird, dürfen wir dann Ihren Herrn Sohn noch einmal bemühen?"

So sind die Herren der Schöpfung. Sie denken nur an ihr eigenes Wohlergehen. Dabei ist doch so: Erst die Frau ist es, die dem Manne das Leben schenkt.

Meine Mutter sagte immer: „Ehemänner sind wie Gärtner, denn sie wissen, was ihnen blüht."

Aber damals konnte ich ja noch nicht ahnen, was mir alles noch blüht. Sie wissen ja, die Ehe ist eine Schlacht, die auf wenigen Quadratmetern Kriegsschauplatz entschieden wird.

So kam, was kommen mußte, denn eines Tages standen wir vor dem Scheidungsrichter. Der Richter sagte streng: „Ihre Frau behauptet, Sie hätten sie seit einem Jahr völlig ignoriert?"

„Das ist eine infame Lüge, Herr Richter", wandte mein Mann ein, „ich habe mit ihr seit einem Jahr weder gesprochen, noch sie auch nur angesehen, – geschweige denn ignoriert!"

Darauf wandte sich der Richter an mich. Er sagte: „Frau Müller, warum wollen Sie sich denn unbedingt scheiden lassen?"

Ich erwiderte darauf: „Nach jedem Ehestreit legt sich mein Mann vollständig angezogen ins Bett." „Aber das ist doch kein Scheidungsgrund", meinte der Richter. Da gab ich zu bedenken: „Vergessen Sie bitte nicht, daß mein Mann Schornsteinfeger ist!"

Sport ist nicht nur „Männersache"

Hier haben wir einen humoristischen Beitrag, der sich speziell für das „Stiftungsfest" (oder ähnliches) eines Sportvereins eignet. Aber auch für für den Kegelabend und für die Bütt ist er ein Knüller. Es versteht sich, daß die Bekleidung bzw. Kostümierung dem jeweiligen „Rahmen" angepaßt werden muß, also sportlich (Trainingsanzug mit Ball oder anderem Sportgerät) sein soll.

Heute kann man es überall lesen: „Trimm dich fit, und du bleibst gesund!" Da ist etwas Wahres dran, meine Damen!

Früher war es nur das Vorrecht der Männer, Sport zu treiben. Aber heute haben wir die Gleichberechtigung – und da heißt es kämpfen. Früher durften wir Frauen den Rasen nur mähen, – heute dürfen wir ihn auch betreten.

Sport ist Trumpf! Der Wassersport wurde mir sozusagen mit in die Wiege gelegt. Meine Tanten legten das falsch aus, sie meinten, ich hätte einen Wasserkopf. Die konnten gut lachen, die haben ihr „Schäfchen" im trockenen.

Später lernte ich dann laufen. Mein Gott, was bin ich gerannt – wenn der Hauswirt mich beim Äpfelklauen erwischt hatte. In der Schule war ich die schnellste Läuferin. – Ich war immer als erste draußen, wenn es geschellt hatte. Die kurzen Strecken lagen mir besonders gut. Ich war nämlich zu faul, um weit zu laufen.

Das Gehen ist auch heute noch eine Sportart für Männer. Aber fremdgehen dürfen wir Frauen auch.

Bergsteigen ist auch eine Betätigung, um sich fit zu halten. Ich habe mal das Matterhorn bestiegen. Als ich oben war, war ich matter als das Horn. Aber trotz und alledem, Sport ist und bleibt schön. Bis zum heutigen Tage bin ich dem Sport ergeben. Es gibt aber auch kaum eine Sportart, in der ich nicht aktiv tätig war. Da ist zum Beispiel das Stemmen. An und für sich ist das Männersache, aber Sie können mir glauben, wenn mir etwas nicht paßt, dann stemme ich mich einfach dagegen. Damenfußball habe ich auch gespielt. Aber da hatte ich vorne immer die Strümpfe kaputt. Meine

Hühneraugen haben nämlich so einen stechenden Blick. Im Springen war ich eine bekannte Größe. Da hatte ich aber auch einen sehr guten Trainer, – der war westdeutscher Meister im Seitensprung. Bei mir hat der Casanova auch einmal versucht „auf die Seite" zu springen. Das ist ihm aber sehr schlecht bekommen, denn mein Mann ist ihm eines Tages ins Genick gesprungen. Darauf ist der Trainer dann wieder abgesprungen. Ja, ja, auch die Feigen essen gern Datteln.

Apropos Springen: Gestern sagte ich zu meinem Chef: „Mit dem Gehalt, das Sie mir zahlen, kann ich aber keine großen Sprünge machen." Er erwiderte darauf: „Frau Müller, das sollen Sie auch gar nicht. Das verlangt ja niemand von Ihnen. Sie sollen Kleider verkaufen und keine Leichtathletik treiben."

Dabei treibe ich Leichtathletik am liebsten, z. B. Diskuswerfen. Also, wenn Sie mich fragen: Ich möchte nicht nur den Diskus in die Ecke schleudern. Eine Bekannte von mir ist im Diskuswerfen ganz große Klasse. Seitdem sie im Lotto gewonnen hat, wirft sie nur noch mit Meißener Porzellan.

Ich habe mich auch im Hürdenlauf versucht. Leider bekam ich ein paar Knochenbrüche, damit hatte ich gar nicht gerechnet. Nun ja, im Bruchrechnen war ich immer schon sehr schwach.

Beim Sport muß man halt immer im Training bleiben. Meine hochbetagte Großmutter mit 98 Jahren macht noch täglich ihre zwei Übungen, um sportlich auf der Höhe zu bleiben. Sie verläßt jeden Morgen aus eigener Kraft ihr Bett und legt sich abends wieder hinein. In ihrer Jugend hat sie sich dem Trampolinsport gewidmet, – sie trampelt mir heute noch auf den Nerven herum. Mein Großvater sagte immer: „Ausgleichssport tut not, – trimm dich fit bei Ruth!

Eine Zeitlang hatt ich mich dem Eissport verschrieben. Noch heute schwärme ich für die deutschen „Eisheiligen" Marika und Hans-Jürgen. Ich war eine großartige Eiskunstläuferin. Zuerst lief ich eine 3 und aus der 3 machte ich dann eine 8 und bekam dafür den Meistertitel. Ein Bekannter von mir – er ist Buchhalter – hat auch einmal aus einer 3 eine 8 gemacht, der bekam zwei Jahre dafür.

O ja! Der Wintersport ist hart, Ich kann mir da schon ein Urteil erlauben. Jeden Winter verbringe ich in Garmisch-Partenkirchen. Die Aprés-Skimode steht dort hoch im Kurs. Goldbehangene Damen twisten. Sie haben ihre Skier gar nicht erst ausgepackt. Wenn der Morgen graut, sind sie müde und verschlafen den Tag. Abends werden sie wieder munter. Auch das nennt man Wintersport.

Die jungen Männer benehmen sich dort wie die Ringkämpfer: Sie gehen auch in der Liebe sofort auf einen Schultersieg aus.

Turnen und Gymnastik sind auch eine feine Sache. Von wegen: beugt, streckt. Es gibt eine ganze Reihe Leute, die sich nach der Decke strecken müssen.

Ich habe auch leidenschaftlich gern Tennis gespielt. Das ist so ein richtiges Beamtenspiel, immer hin und her.

Ein sehr schöner Ausgleichssport ist das Kegeln. Hier kann man noch im sehr hohen Alter aktiv sein. Wer kegelt, hat ungeahnte Möglichkeiten. Die Welt steht ihm offen. Bitte, meine Damen, wieviele Männer gehen aus, von denen ihre Frauen meinen, sie seien zum Kegeln? Außerdem sagte mein Chef neulich zu mir: „Frau Müller, Sie schieben aber eine ruhige Kugel."

Mit Kugeln hat auch der Billard-Sport zu tun. Mein Sohn schaute mir einmal beim Spielen zu und zweifelte anschließend an meinen Billardkünsten. Er sagte: „Mutti, wer hat denn nun eigentlich gewonnen – beim Kugelstoßen?"

Eine schöne und noble Sportart ist ja Golf. Zum Golfspiel kam ich durch einen Zufall, und das kam so: Eines Tages machte ich einen Besuch im Krankenhaus. Da hörte ich, wie die Oberschwester den Assistenzarzt fragte: „Wer wird da eigentlich operiert?" Er erwiderte: „Ein Mann, der vor einer Stunde einen Golfball verschluckt hat." „Und wer ist das, der dort auf der Bank wartet?" forschte die Oberschwester. „Ach", meinte der Doktor, „das ist der Ballbesitzer. Er wartet nur darauf, weiterspielen zu können!"

Das erinnerte mich an den Beginn meiner sportlichen Laufbahn. Sie begann mit Fechten. Im „Fechten" war ich aber nie sehr erfolgreich. Von manchen Leuten habe ich nur 10 Pfennige bekommen. Wenn es eine Sportart gibt, für die ich mich interessiere, dann ist es der Radsport. Dauernd habe ich meinem Mann erzählt, wie gesund es ist, in frischer Luft das Pedal zu treten. Ich wollte unbedingt ein neues Fahrrad haben. Soll ich Ihnen sagen, was mein Mann gemacht hat? – Er hat mir die Nähmaschine auf den Balkon gestellt.

Kürzlich sagte ich zu meinem Mann: „Die Sportschau bringt heute abend wieder viel Sex." Mein Mann zweifelte: „Das gibt's doch gar nicht!" „Doch, doch", sagte ich, „Sex aus 49!"

Sportangeln ist gut für Leute mit schwachen Nerven. Sie wissen doch, was eine Angel ist??? – Eine Angel ist ein Stock mit einem Wurm an einem und einem Lügner am anderen Ende.

Ein alter Angler hat mir das einmal so erklärt. Er sagte: „Den Hering fängt man mit einem Netz, den Hecht mit der Angel, die Forelle mit einer Fliege und den ‚Backfisch' mit einer dicken Brieftasche."

Eine Freundin von mir ist jetzt auch Sportanglerin geworden. Sie hofft, endlich jemanden zu finden – der anbeißt.

Meine Nachbarin ist mit ihrem „Fang" gut zufrieden. – Die hat sich einen reichen Witwer geangelt.

Bleiben wir noch ein wenig beim Wasser. Ich treibe schon seit langem Unterwassersport, weil ich mich nicht mehr über Wasser halten kann. Wer taucht, sündigt nicht. Bei uns im Hallenbad hängt ein Schild mit der Aufschrift: „Seitensprünge sind hier unerwünscht!"

Schwimmen ist eine Kunst, die oberflächlich ausgeübt wird, weil man der Sache sonst zu gründlich auf den Grund kommt!

„Schwimmen ist sehr gesund", sagt mein Arzt. Der Mann schwimmt im Geld. Sie glauben gar nicht, wie gesund der ist.

Gestern morgen regnete es ja in Strömen, und auf der Straße bildeten sich große Pfützen. An der Straßenbahnhaltestelle versuchte ich, die abfahrende Straßenbahn noch zu erreichen. In großen Schritten rannte ich hinter ihr her, doch der Abstand wurde immer größer. Da fiel ich auch noch bäuchlings in eine große Pfütze. Ein Fahrgast der Straßenbahn beugte sich aus der offenen Wagentür und rief mir zu: „Glauben Sie denn wirklich, daß Sie es mit Brustschwimmen noch schaffen?"

Haben Sie eigentlich gewußt, daß ein Apfelstrudel für Nichtschwimmer vollkommen ungefährlich ist?

Früher bin ich auch viel „geflogen". Aber daran war meistens mein Arbeitgeber schuld. Ich sage mir immer: Wer durch die Lüfte schwebt, ist noch lange kein lockerer Vogel. Der Versuch, die Regensburger Domspatzen fliegen zu lassen, ist ja kläglich gescheitert.

Ein edler Sport ist zweifelsohne der Pferdesport. Seinerzeit wurde ich gefragt: „Gnädige Frau, verstehen Sie etwas vom Trabrennen?" „Natürlich", nickte ich, „denn sonst würde ich ja jeden Morgen die Straßenbahn verpassen!" Bei uns im Reiterverein reite ich meistens einen Wallach. Ein Wallach ist ein Hengst – der nicht mehr fensterln kann. Kürzlich wollte ich es auch einmal mit dem Springen versuchen. Das Pferd scheute vor dem Hindernis, und ich flog in hohem Bogen hinüber. Da lobte mich der Reitlehrer: „Frau Müller, das war schon prima! Beim nächstenmal nur noch das Pferd mitnehmen!"

Nachbarn
sind zum Ärgern da

Eine muntere Plauderei unter Frauen, die überall ankommt. Die Kostümierung hängt davon ab, wo die beiden Frauen sich begegnen: Schürzen im Hausflur (der als Hintergrund stilisiert angedeutet werden kann), Ausgehkleidung in der Stadt, beim Kaufmann oder auch im Treppenhaus. Frau Schulte kann auch an Frau Müllers Wohnungstür geklingelt haben. Sie wird dann während des Spiels in die Wohnung gebeten, und vielleicht trinken die beiden eine Tasse Kaffee miteinander.

Frau Sch.: Hier, Frau Müller, gebe ich Ihnen das geliehene Ei zurück!

Frau M.: Aber, Frau Schulte, ich habe Ihnen doch zwei Eier geliehen!

Frau Sch.: Zwei Eier? Da muß ich mich also glatt verzählt haben! Wissen Sie überhaupt, daß Ihre Hühner immer in meinem Garten herumlaufen?

Frau M.: Gedacht hab ich es mir schon, weil eins bis heute nicht zurückkam!

Frau Sch.: Sind Sie mit Ihren Hühnern zufrieden? Legen sie gut?

Frau M.: Das haben die Hühner bei mir nicht nötig. Wir beziehen die Eier kistenweise aus Holland.

Frau Sch.: Ist das etwa Ihr Hund, der immer die ganze Nacht bellt?

Frau M.: Ja, natürlich, denn ich selbst habe ja keine Zeit dazu!

Frau Sch.: Ihr Hund macht mir Spaß. Zu Fremden ist er freundlich, und zu Hause winselt er den ganzen Tag!

Frau M.: Ja, das hat er von meinem Mann!

Frau Sch.: Wie haben Sie eigentlich Ihren zweiten Mann kennengelernt?

Frau M.: Ich ging mit meinem ersten Mann spazieren, da kam er mit seinem Auto und überfuhr ihn. Das war der Anfang unserer Freundschaft.

Frau Sch.: Übrigens, gestern habe ich Ihren Mann getroffen, aber er hat mich nicht gesehen.

Frau M.: Ja, das hat er mir erzählt.

Frau Sch.: Wie geht es denn Ihrem Mann?

Frau M.: Ach wissen Sie, bei dem geht es immer rauf und runter.

Frau Sch.: Nanu, was macht er denn?

Frau M.: Er ist jetzt Fahrstuhlführer.

Um meinen ersten Mann habe ich ein ganzes Jahr getrauert, nämlich genau vom 17. Juni des vergangenen Jahres bis 17. August dieses Jahres!

Frau Sch.: Aber, Frau Müller, das sind doch genau 14 Monate!

Frau M.: Stimmt, aber im Fasching habe ich einmal zwei Monate ausgesetzt!

Mir geht es jetzt ganz gut, weil ich außer der Rente noch 20 000 DM aus der Unfallversicherung bekommen habe.

Frau Sch.: Und dieser Depp von meinem Mann war genauso versichert. Der wär neulich beinahe auch überfahren worden, – aber im letzten Moment ist er auf die Seite gesprungen.

Frau M.: Hat sich Ihr Mann eigentlich im Lauf Ihrer Ehe geändert?

Frau Sch.: O ja, früher erzählte er mir immer, was in seinem Herzen vorgeht, jetzt spricht er nur noch von seiner Leber.

Frau M.: Frau Schulte, ist Ihr Mann wirklich so häuslich?

Frau Sch.: Und wie, Frau Müller, er ist keinen Morgen ohne Krach ins Büro zu kriegen!

Zur Zeit ist er ja krank. Aber seit ihm der Arzt gesagt hat, daß er niemals wieder arbeitsfähig sein wird, fühlt er sich schon bedeutend besser.

Er war ja in einer Brennerei tätig; dort hat er Schnaps abgefüllt – bis zum Umfallen.

Frau M.: Seitdem mein Mann seine Stellung als Ingenieur verloren hat, befaßt er sich mit der Herstellung von Sauerkraut, und davon leben wir ganz gut.

Frau Sch.: Alle Tage Sauerkraut! Das ist aber eine einseitige Ernährung!

Frau M.: Apropos Ernährung: Mein Mann raucht den ganzen Tag!

Frau Sch.: Meiner nur ganz selten, nämlich nur dann, wenn ihm das Essen gut geschmeckt hat.

Frau M.: Die Lebensmittel sind doch heute so teuer, man bekommt heutzutage für sein Geld nur einen Bruchteil von dem, was man früher dafür kriegte.

Frau Sch.: Unsinn! Als ich vor einigen Jahren auf die Waage stieg und eine Münze einwarf, zeigte sie sechzig Kilo. Heute zeigt dieselbe Waage für dasselbe Geld fünfundneunzig Kilo!

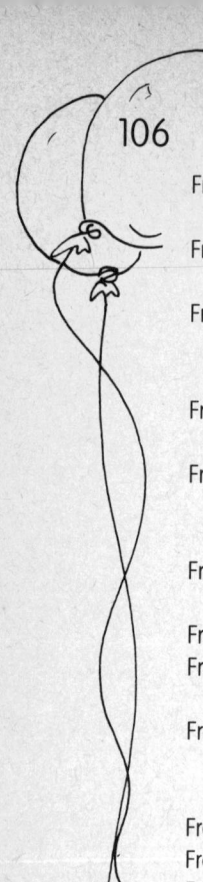

Frau M.: Da wir gerade von Geld sprechen, wieviel Toilettengeld gibt Ihnen eigentlich Ihr Mann?

Frau Sch.: Aber, erlauben Sie, Frau Müller, so viel Kleingeld hat man doch immer selbst in der Tasche.

Frau M.: Wenn ich an das junge Ehepaar von nebenan denke, dann werde ich immer an ein Kreuzworträtsel erinnert. Er hat das Kreuz, sie das Wort, und die ganze Ehe ist mir ein Rätsel.

Frau Sch.: Und wenn man bedenkt, daß sie trotz Halbtagsbeschäftigung noch zwölfmal zum Kinde ja gesagt hat!

Frau M.: Das stimmt nicht ganz: Achtmal hat sie „ja" gesagt, einmal „yes", einmal „oui" und einmal „si", und beim zwölften weiß man es nicht genau!

Frau Sch.: Zwölf Kinder, du lieber Himmel, und dann haben sie noch ein farbiges Kind adoptiert.

Frau M.: Das ist mir neu! Ein farbiges Kind? Warum denn das?

Frau Sch.: Sie hat mir gesagt: „Damit wir gewiß sind, daß ma net an Preiß erwischen!"

Frau M.: Sie, das wollte ich Ihnen schon immer sagen: Ihr Fritz ist ein ganz frecher Bengel. Neulich hat er aus dem Fenster nach mir gespuckt!

Frau Sch.: Was Sie nicht sagen, und hat er getroffen?

Frau M.: Nein, getroffen hat mich nicht.

Frau Sch.: Da sieht man es mal wieder. Jeden Tag sage ich zu meinem Mann, daß der Kleine zum Augenarzt muß!
Wir haben jetzt mit dem Fritz dauernd Schwierigkeiten, denn mit dem Baby kann man ihn nicht allein lassen, dazu ist er noch zu klein, und mit dem Kindermädchen kann man ihn auch nicht allein lassen, dazu ist er schon zu groß!

Frau M.: Ich hörte, Ihr ältester Sohn sei jetzt beim Film?

Frau Sch.: Ja, er bedient im Kino die Zentralheizung!

Frau M.: Was soll denn Ihr Werner einmal werden?

Frau Sch.: Der Junge wird Lehrer.

Frau M.: Ja, aber ist er denn dafür auch geeignet?

Frau Sch.: Aber freilich, er hat doch immer die Ferien so gern!
Frau Müller, Ihre Kinder sind immer so still und sehen ganz bedrückt aus. Vielleicht sind irgendwelche Komplexe vorhanden. Sie sollten einmal einen Psychiater fragen.

Frau M.: Der wird auch keinen Rat wissen. Mehr als ich kann er auch nicht tun. Ich verhaue sie schon täglich.

Frau Sch.: Glauben Sie vielleicht an den Unsinn von Wunderheilungen durch Handauflegen und so...?

Frau M.: Ich glaube daran! Was meinen Sie wohl, wie schnell ich meinen Jungen durch Handauflegen vom Zigarettenrauchen geheilt habe!

Frau Sch.: Was macht eigentlich Ihre Tochter Gisela? Die sieht man ja gar nicht mehr.

Frau M.: Die liegt doch im Krankenhaus – ein Verkehrsunfall.

Frau Sch.: Nein, so was – mit schweren Folgen?

Frau M.: Na ja, so etwa sieben bis acht Pfund.

Frau Sch.: Wissen Sie, daß Frau Meier wieder ein Kind bekommen hat?

Frau M.: Wie ist das möglich? Ihr Mann ist doch schon über ein Jahr in Frankreich!

Frau Sch.: Was besagt das schon. Sie schreiben sich ja pünktlich jede Woche!

Frau M.: Wenn es stimmt, was ich hörte, dann wollen die Meiers sich ja scheiden lassen. Man hat die Kinder dem Manne zugesprochen, – dabei sind sie gar nicht von ihm.

Frau Sch.: Der Meier soll übrigens gar nicht in Frankreich sein. Der ist in China. Ja, sein letzter Brief kam aus Sing Sing!

Frau M.: Also nein! Das ist doch ein Gefängnis, und bei mir hat die Frau Meier immer behauptet, er habe Zellenforschung betrieben.

Frau Sch.: Ja, und zu mir hat sie gesagt, daß ihr Mann ein paar Monate zu seinem Bruder geht.

Frau M.: Da hat sie nicht einmal gelogen. Sein Bruder sitzt nämlich auch.

Frau Sch.: Ja, der Bruder war doch Kassierer bei der Deutschen Bank. Ein raffinierter Kerl. Mit einer harmlosen Entfettungskur fing er an, wurde von Tag zu Tag weniger – und auf einmal war er ganz weg.

Frau M.: Wissen Sie schon, meine Liebe, daß die Frau Meier neuerdings zwei Ärzte hat? Einen alten und einen jungen.

Frau Sch.: Aber warum das denn?

Frau M.: Das kann ich Ihnen verraten, Verehrteste. Den alten läßt sie kommen, wenn sie krank ist, und den jungen – wenn ihr was fehlt.

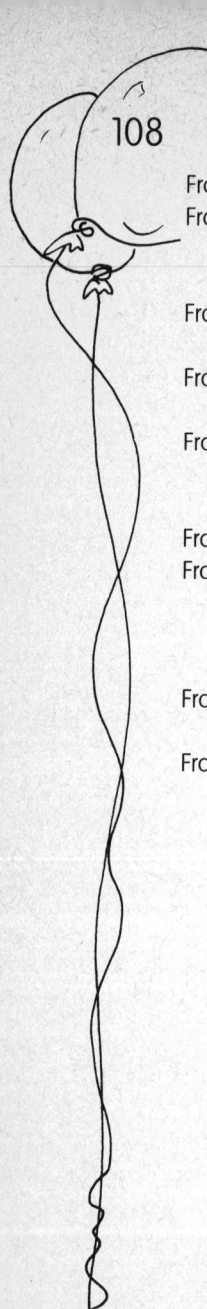

Frau Sch.: Haben Sie schon das Neueste von der Frau Schmidt gehört?

Frau M.: Stellen Sie sich vor, die ist mit ihrem dritten Mann so glücklich verheiratet, daß sie die Scheidung schon zum viertenmal verschoben hat.

Frau Sch.: Angeblich sollen die beiden doch noch so verliebt sein wie am Hochzeitstag.

Frau M.: Aber sie haben sich doch heute morgen erst wieder toll geprügelt!

Frau Sch.: Stimmt, aber das taten sie sich am Hochzeitstag auch! Er soll ja eine Teekanne nach ihr geworfen haben. Ist Ihnen so etwas auch schon passiert?

Frau M.: Nein, das ist bei uns unmöglich. Wir trinken nur Kaffee.

Frau Sch.: Stellen Sie sich vor, Frau Müller, ich schicke meinen Mann zum Kaufmann, er soll mir eine Dose Erbsen holen. Der dumme Kerl geht über die Straße, schaut nicht nach rechts und nicht nach links, ein Omnibus kommt – tot ist er.

Frau M.: Um Himmels willen, Frau Schulte, Sie Ärmste! Was machen Sie denn jetzt?

Frau Sch.: Ach Gott, es ist nicht weiter schlimm, – ich habe noch eine Dose Bohnen im Haus.

Stiena und Katrien
– zwei „Freundinnen"

Nachfolgend eine Möglichkeit für zwei Damen, sich gleichzeitig zu prä-
sentieren und ins rechte Licht zu rücken. Etwas für „zaghafte oder auch
gewitzte", die da glauben, zu zweit ließe sich alles leichter ertragen. Ihren
Text müssen Sie allerdings beherrschen, Improvisieren ist erlaubt.
Kleiden Sie sich „fein", dann kann eigentlich gar nichts mehr schief-
gehen.

Stiena: Wo kommst du denn her?

Katrien: Aus dem Schönheitssalon, meine Liebste!

Stiena: Und warum hat man dich nicht bedient?

Katrien: Wie man sieht, scheint es dir ja gut zu gehen, du siehst blendend aus!

Stiena: Na ja! Du bist auch nicht dünner geworden!

Katrien: Ach, was soll ich denn tun, damit ich nicht so mollig werde?

Stiena: Du solltest nicht so oft tanzen gehen! Das viele Sitzen
bekommt dir nicht!

Katrien: Nimmst du deine Abmagerungskur eigentlich ernst?

Stiena: Und ob, ich lese nicht einmal mehr das Fettgedruckte in der
Zeitung!

Katrien: Du, wenn ich die Traudi erwische – der werde ich aber gehörig
den Kopf waschen. Überall erzählt sie, daß ich mich stark
schminken würde.

Stiena: Daraus mußt du dir gar nichts machen; denn wenn diese
Schießbudenfigur von Traudi dein Gesicht hätte, würde sie
sich bestimmt auch schminken!

Katrien: Was ich dir noch sagen wollte, dein Kleid ist fabelhaft! Je öfter
ich es an dir sehe, desto besser gefällt es mir.

Stiena: Danke. Auch mir hat dein Stoff immer ganz besonders gut
gefallen, nur hättest du dir ein Kleid daraus machen sollen.

Katrien: Gestern war ich bei einer Wahrsagerin. Sie hat mir prophezeit,
daß ich alt werde.

Stiena: Das hätte ich dir auch sagen können.

Katrien:	Apropos alt. Um ganz ehrlich zu sein, Stiena, dein Bräutigam ist auch nicht mehr der Jüngste.
Stiena:	Ich weiß, Katrien. Er hätte im Alter viel besser zu dir gepaßt!
Katrien:	Ehrlich, du mußt unbedingt mehr für dein Äußeres tun! Denn mit Dummheit allein fesselt man heute keinen Mann mehr.
Stiena:	Ich habe halt kein Glück mit Männern. Jedesmal, wenn ich einen Mann aus Liebe heiraten will, gesteht er mir, daß er kein Geld hat!
Katrien:	Mir geht es ebenso. Allerdings, gestern im Kino – da hätte es beinahe gefunkt. Ein entzückender Mann saß neben mir, und bei jeder spannenden Stelle drückte er erregt meine Hand. Als dann das Licht anging, war er weg … und meine Armbanduhr auch.
Stiena:	Wie war denn der junge Mann, den du neulich beim Tanzen kennengelernt hast – und der dich dann nach Hause beglei-tete?
Katrien:	Das war ein ziemlich ungebildeter Kerl. Der hat mich min-destens zehnmal geküßt, ehe er sich vorstellte.
Stiena:	Ist das der einzige Grund, weshalb du nichts mehr von ihm wissen willst?
Katrien:	Aber nein, – er hat einfach keine Kultur. Beim letzten Twist hat er nicht einen einzigen Stuhl zerschlagen!
Stiena:	Ja, ja, es ist heutzutage nicht leicht, einen Ehemann zu finden.
Katrien:	Da hast du recht. Die Frauen passen zu sehr auf ihre Männer auf!
Stiena:	Katrien, würdest du einen Mann heiraten, der dir geistig unter-legen ist?
Katrien:	Ich wüßte nicht, wie ich dem entgehen sollte! Außerdem werde ich nur einen Mann heiraten, der Sinn für Humor hat.
Stiena:	Wozu denn das? Bei dir hat er ja doch nichts zu lachen!
Katrien:	Neulich war ich drauf und dran, mich mit einem Stotterer zu ver-loben. Seine Liebeserklärung dauerte so himmlisch lange. Stiena, hast du denn noch niemals einen Mann getroffen, bei dessen Berührung jeder Nerv in dir bebte?
Stiena:	Ja, doch, beim Zahnarzt Dr. Meyer. Der Mann hat ja ein wun-derschönes Gebiß. Doch was nützt das, wenn er nicht anbeißt.
Katrien:	Was ist eigentlich mit Erika los, ist sie krank? Ich habe lange keine Verlobungsanzeige mehr von ihr bekommen.

Stiena: Ach, der geht es gut. Kürzlich hat sie einem berühmten Maler Modell gestanden, und zwar zu dem Bild Kleopatra und die Schlange!

Katrien: Und wer war dann die Kleopatra?

Stiena: Sie hat mir erzählt, der Maler sei vor ihr auf die Knie gefallen.

Katrien: Ja, ja, es geht halt nichts über Bohnerwachs!

Stiena: Erika würde den Maler ja gerne heiraten, aber es gefällt ihr nicht, daß er so kleine Augen hat.

Katrien: Dem kann sie doch selbst abhelfen. Wenn sie ihn heiratet, dann wird er nach ganz kurzer Zeit große Augen machen. Stiena, findest du nicht auch, daß Erika sehr müde aussieht?

Stiena: Kunststück, wo sie doch so lange hinter den Männern hergelaufen ist!

Katrien: Diese Aufschneiderin hat doch zu mir gesagt: „Katrien, du glaubst gar nicht, wie ich in meinem Kurort umschwärmt worden bin."

Stiena: Ja, ja, das fängt in diesem Jahr mit den Mücken verdammt früh an!

Katrien: Ich habe gedacht, Erika würde sich an der See endlich verloben. Warum wurde denn nichts aus der Sache?

Stiena: Nun, wie es an der See so geht. Die Sache verlief im Sande.

Katrien: Apropos See. Es ist und bleibt mein Herzenswunsch, einmal einen Seemann zu heiraten. – Wenn ich dann nachts nicht schlafen kann, decke ich ihn auf und seh' mir die Bilder an.

Stiena: Seitdem ich meinem Hans vor einem Jahr den Laufpaß gegeben habe, trinkt er ununterbrochen.

Katrien: Donnerwetter, der feiert aber ganz schön lange.
Sagtest du nicht damals – der Hans sei eine bekannte Persönlichkeit?

Stiena: Ja, natürlich, er war einmal der fünfzigtausendste Besucher einer Rindviehausstellung. Hier habe ich noch ein Bild von seiner letzten großen Afrikareise. Mit einem zahmen Affen hat er sich fotografieren lassen.

Katrien: Aber wer von den beiden war denn dein Bräutigam?

Stiena: Du, werde nicht unverschämt. Deine Verlobung mit Egon ist ja schließlich auch in die Brüche gegangen, weil du eine pompöse und Egon überhaupt keine Hochzeit wollte.

Katrien: Mit Egon habe ich Schluß gemacht, nachdem er zur Kriminal-

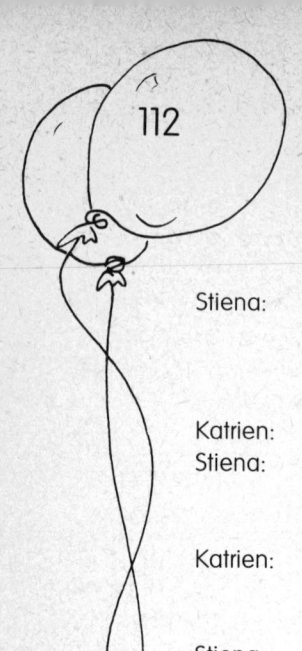

polizei versetzt worden ist. Seitdem brachte er immer eine Lupe mit und untersuchte mich auf fremde Fingerabdrücke. Aber davon jetzt genug. Sag mal, Stiena, bist du mit deinem Erich immer noch nicht weitergekommen?

Stiena: Leider nicht! Er ist so schüchtern. Aber vor einigen Wochen nahm er die Foto-Alben auf den Schoß, eine Weile später den Hund und gestern meine sechsjährige Schwester. Ich nehme an, daß ich jetzt dran komme.

Katrien: Gib die Hoffnung nicht auf.

Stiena: Erich sagt immer, daß er mich platonisch liebe. Ich weiß zwar nicht, was das heißt, aber auf jeden Fall werde ich mich jetzt immer ganz waschen.

Katrien: Stell dir diese Männer vor, Stiena, dein Erich sagte vor ein paar Tagen zu mir, er würde wahnsinnig werden, wenn ich ihn nicht heiraten würde.

Stiena: Was du nicht sagst! Erich scheint es aber doch nicht so tragisch zu nehmen, denn er hat gestern um meine Hand angehalten.

Katrien: Na, also, das ist doch der beste Beweis, daß er tatsächlich wahnsinnig geworden ist.

Stiena: Seit Erich in mich verliebt ist, wird er geradezu zum Dichter. Gestern sagte er zum Beispiel, mir würden nur noch zwei Flügel fehlen.

Katrien: Das hätte ich mir an deiner Stelle nicht bieten lassen, so durch die Blume eine Gans genannt zu werden.

Stiena: Mach meinen Erich nicht so schlecht. Mir beteuert er immer, daß ich sein einziger Gedanke bin.

Katrien: So, dann habe ich ihn aber neulich mit einem Hintergedanken im Kino gesehen!

Stiena: Katrien, möchtest du nicht morgen abend mit mir und Erich ausgehen?

Katrien: Aber Stiena, zu einem Rendezvous geht man doch nicht in Begleitung!

Stiena: Das schon, doch wenn Erich dich sieht, habe ich viel größere Chancen!

Gesamt-Programm

Essen und Trinken

Köstliche Suppen
für jede Tages- und Jahreszeit. (5122)
Von E. Fuhrmann, 64 S., 38 Farbfotos,
2 Zeichnungen, Pappband.
DM 14,80/S 119.–

Kochen, was allen schmeckt
1700 Koch- und Backrezepte für jede
Gelegenheit. (4098) Von A. und
G. Eckert, 796 S., 200 Farbfotos,
Pappband. **DM 29,80**/S 239.–

Brunos beste Rezepte
– rund ums Jahr (4154) Von B. Henrich,
136 S., 15 Farbfotos, kart.
DM 14,80/S 119.–

Was koche ich heute?
Neue Rezepte für Fix-Gerichte. (0608)
Von A. Badelt-Vogt, 112 S., 16 Farbtafeln,
kart. **DM 9,80**/S 79.–

Kochen für 1 Person
Rationell wirtschaften, abwechslungsreich und schmackhaft zubereiten.
(0586) Von M. Nicolin, 136 S., 8 Farbtafeln, 23 Zeichnungen, kart.
DM 9,80/S 79.–

Gesunde Kost aus dem Römertopf
(0442) Von J. Kramer, 128 S., 8 Farbtafeln, 13 Zeichnungen, kart.
DM 8,80/S 74.–

Nudelgerichte
– lecker, locker, leicht zu kochen. (0466)
Von C. Stephan, 80 S., 8 Farbtafeln, kart.
DM 7,80/S 69.–

Lieblingsrezepte
Phantasievoll zubereitet und originell
dekoriert. (4234) Hrsg. P. Diller. 160 S.,
120 Farbfotos, 34 Zeichnungen, Pappband. **DM 24,80**/S 198,–

Was Männer gerne essen
Leibgerichte
(2216) Von C. Arius, 80 S., 55 Farbabb.,
Pappband. **DM 9,80**/S 85,–

Omas Küche und unsere Küche heute
(4089) Von J. P. Lemcke, 160 S., 8 Farbtafeln, 95 Zeichnungen, Pappband.
DM 24,80/S 198.–

Die besten Eintöpfe und Aufläufe
Das Beste aus den Kochtöpfen der Welt
(5079) Von A. und G. Eckert, 64 S.,
50 Farbfotos, Pappband.
DM 14,80/S 119.–

FALKEN-FEINSCHMECKER
Herzhaftes für Leib und Seele
Eintöpfe
(0820) Von P. Klein, 48 S., 30 Farbfotos,
Pappband. **DM 9,80**/S 79.–

Schnell und gut gekocht
Die tollsten Rezepte für den Schnellkochtopf. (0265) Von J. Ley, 96 S.,
8 Farbtafeln, kart. **DM 7,80**/S 69.–

Kochen und backen im Heißluftherd
Vorteile, Gebrauchsanleitung, Rezepte.
(0516) Von K. Kölner, 72 S., 8 Farbtafeln,
kart. **DM 7,80**/S 69.–

Das neue Mikrowellen-Kochbuch
(0434) Von H. Neu, 64 S., 4 Farbtafeln,
16 s/w-Zeichnungen, kart.
DM 6,80/S 59.–

Ganz und gar mit Mikrowellen
(4094) Von T. Peters, 208 S., 24 Farbfotos,
12 Zeichnungen, kart.
DM 29,80 / S 239.–

FALKEN-FEINSCHMECKER
Schnell auf den Tisch gezaubert
Kochen mit Mikrowellen
(0818) Von A. Danner, 64 S., 52 Farbfotos, Pappband. **DM 9,80**/S 79.–

Haltbar machen durch
Trocknen und Dörren
Obst, Gemüse, Pilze, Kräuter
(0696) Von M. Bustorf-Hirsch, 32 S.,
42 Farbfotos, Spiralbindung.
DM 7,80/S 69,–

Marmeladen, Gelees und Konfitüre
Köstlich wie zu Omas Zeiten – einfach
selbstgemacht. (0720) Von M. Gutta,
32 S., 23 Farbfotos, 1 Zeichnung,
Pappband. **DM 7,80**/S 69,–

Einkochen
nach allen Regeln der Kunst. (0405) Von
B. Müller, 128 S., 8 Farbtafeln, kart.
DM 9,80/S 79.–

Einkochen, Einlegen, Einfrieren
(4055) Von B. Müller, 27 s/w-Abb., kart.
DM 14,80/S 119.–

Das neue Fritieren
geruchlos, schmackhaft und gesund.
(0365) Von P. Kühne, 96 S., 8 Farbtafeln,
kart. **DM 7,80**/S 69.–

Weltmeister-Soßen
Die Krönung der feinen Küche. (0357)
Von G. Cavestri, 96 S., 4 Farbtafeln,
80 Zeichnungen, kart. **DM 9,80**/S 79.–

FALKEN-FEINSCHMECKER
Die Krönung der feinen Küche
Saucen
(0817) Von G. Cavestri, 48 S., 40 Farbfotos, Pappband. **DM 9,80**/S 79.–

Wildgerichte
einfach als raffiniert. (5115) Von M.
Gutta, 64 S., 43 Farbfotos, Pappband.
DM 14,80/S 119.–

Geflügel
Die besten Rezepte aus aller Welt. (5050)
Von M. Gutta, 64 S., 32 Farbfotos, Pappband. **DM 14,80**/S 119.–

Mehr Freude und Erfolg beim **Grillen**
(4141) Von A. Berliner, 160 S., 147 Farbfotos, 10 farbige Zeichnungen, Pappband. **DM 24,80**/S 198.–

Grillen
Fleisch · Fisch · Beilagen · Soßen. (5001)
Von E. Fuhrmann, 64 S., 38 Farbfotos,
Pappband. **DM 14,80**/S 119.–

Chinesisch kochen
Schmackhafte Rezepte für die abwechslungsreiche Küche. (5011) Von A. und G.
Eckert, 64 S., 57 Farbfotos, Pappband.
DM 14,80/S 119.–

Chinesisch kochen
mit dem Wok-Topf und dem Mongolen-Topf. (0557) Von C. Korn, 64 S., 8 Farbtafeln, kart. **DM 7,80**/S 69.–

Schlemmerreise durch die
Chinesische Küche
(4184) Von Kuo Huey Jen, 160 S.,
117 Farbfotos, Pappband.
DM 24,80/S 198,–

Ostasiatische Küche
schmackhaft, bekömmlich und vielseitig.
(5066) Von T. Sozuki, 64 S., 39 Farbfotos,
Pappband. **DM 14,80**/S 119.–

Nordische Küche
Speisen und Getränke von der Küste.
(5082) Von J. Kürtz, 64 S., 44 Farbfotos,
Pappband. **DM 14,80**/S 119.–

Deutsche Küche
Schmackhafte Gerichte von der Nordsee
bis zu den Alpen. (5025) Von E. Fuhrmann, 64 S., 52 Farbfotos, Pappband.
DM 14,80/S 119.–

Essen in Hessen
Spezialitäten zwischen Schwalm und
Odenwald
(0837) Von R. Witt, 120 S.,
10 s/w-Zeichnungen, Pappband.
DM 12,80/S 99.–

Französisch kochen
Eine kulinarische Reise durch Frankreich.
(5016) Von M. Gutta, 64 S., 35 Farbfotos, Pappband. **DM 14,80**/S 114.–

Französische Küche
(0685) Von M. Gutta, 96 S., 16 Farbtafeln, kart. **DM 8,80**/S 74.–

**Französische Spezialitäten aus dem
Backofen**
Herzhafte Tartes und Quiches mit Fleisch,
Fisch, Gemüse und Käse
(5146) Von P. Klein, 64 S., 43 Farbfotos,
Pappband. **DM 16,80**/139,–

Kochen und würzen mit **Knoblauch**
(0725) Von A. und G. Eckert, 96 S.,
8 Farbtafeln, kart. **DM 7,80**/S 69,–

Schlemmerreise durch die
Italienische Küche
(4172) Von V. Pifferi. 160 S., 109 Farbfotos, Pappband. **DM 24,80**/S 198,–

Italienische Küche
Ein kulinarischer Streifzug mit regionalen
Spezialitäten. (5026) Von M. Gutta,
64 S., 35 Farbfotos, Pappband.
DM 14,80/S 119.–

Portugiesische Küche und Weine
Kulinarische Reise durch Portugal.
(0607) Von E. Kasten, 96 S., 16 Farbtafeln, kart. **DM 9,80**/S 79.–

Köstliche Pizzas, Toasts, Pasteten
Schmackhafte Gerichte schnell zubereitet.
(5081) Von A. und G. Eckert, 64 S.,
46 Farbfotos, Pappband.
DM 14,80/S 119.–

FALKEN-FEINSCHMECKER
Schlemmen wie bei Mamma Maria
Pizzas
(0815) Von F. Faist, 64 S., 62 Farbfotos,
Pappband. **DM 9,80**/S 79.–

Köstliche Pilzgerichte
Rezepte für die meistvorkommenden
Speisepilze. (5133) Von V. Spicker-Noack,
M. Knoop, 64 S., 52 Farbfotos, Pappband. **DM 14,80**/S 119.–

Am Tisch zubereitet
Fondues, Raclettes, Flambieren. (4152)
Von I. Otto, 208 S., 12 Farbtafeln, 17 s/w-Fotos, Pappband. **DM 24,80**/S 198.–

Köstliche Fondues
mit Fleisch, Geflügel, Fisch, Käse, Gemüse und Süßem. (5006) Von E. Fuhrmann,
64 S., 50 Farbfotos, Pappband.
DM 14,80/S 119.–

Fondues
und fritierte Leckerbissen. (0471) Von
S. Stein, 96 S., 8 Farbtafeln, kart.
DM 6,80/S 59.–

FALKEN VERLAG

Fondues · Raclettes · Flambiertes
(4081) Von R. Peiler und M.-L. Schult,
136 S., 15 Farbtafeln, 28 Zeichnungen,
kart. **DM 14,80 / S 119.–**

**Neue, raffinierte Rezepte mit dem
Raclette-Grill**
(0558) Von L. Helger, 56 S., 8 Farbtafeln,
kart. **DM 7,80 / S 69.–**

**Rezepte rund um Raclette und Hobby-
Rechaud**
(0420) Von J. W. Hochscheid, 72 S.,
8 Farbtafeln, kart. **DM 7,80 / S 69.–**

Fondues und Raclettes
(4253) Von F. Faist, 160 S., 125 Farbfotos, Pappband. **DM 24,80 / S 198.–**

Kochen und Würzen mit
Paprika
(0792) Von A. u. G. Eckert, 88 S., 8 Farbtafeln, kart. **DM 8,80 / S 74.–**

Kleine Kalte Küche
für Alltag und Feste. (5097) Von A. und
G. Eckert, 64 S., 45 Farbfotos, Pappband. **DM 12,80 / S 99.–**

Kalte Platten – Kalte Büfetts
rustikal bis raffiniert. (5015) Von
M. Gutta, 64 S., 34 Farbfotos, Pappband.
DM 14,80 / S 119.–

Kalte Happen und Partysnacks
Canapés, Sandwiches, Pastetchen, Salate
und Suppen. (5029) Von D. Peters, 64 S.,
44 Farbfotos, Pappband.
DM 14,80 / S 119.–

Garnieren und Verzieren
(4236) Von R. Biller, 160 S., 329 Farbfotos, 57 Zeichnungen, Pappband.
DM 24,80 / S 198.–

Desserts
Puddings, Joghurts, Fruchtsalate, Eis,
Gebäck, Getränke. (5020) Von M. Gutta,
64 S., 41 Farbfotos, Pappband.
DM 14,80 / S 119.–

Crêpes, Omeletts und Soufflés
Pikante und süße Spezialitäten. (5131)
Von J. Rosenkranz, 64 S., 45 Farbfotos,
Pappband. **DM 14,80 / S 119.–**

Backen
(4113) Von M. Gutta, 240 S., 123 Farbfotos, Pappband. **DM 48,– / S 398.–**

Kuchen und Torten
Die besten und beliebtesten Rezepte.
(5067) Von M. Sauerborn, 64 S.,
79 Farbfotos, Pappband.
DM 14,80 / S 119.–

Tortenträume und Kuchenfantasien
Gebackene Köstlichkeiten originell
dekoriert und verziert
(0823) Von F. Faist, 80 S., 150 Farbfotos,
kart. **DM 19,80 / S 159.–**

Schönes Hobby Backen
Erprobte Rezepte mit modernen Back-
formen. (0451) Von E. Blome, 96 S.,
8 Farbtafeln, kart. **DM 7,80 / S 69.–**

Backen, was allen schmeckt
Kuchen, Torten, Gebäck und Brot. (4166)
Von E. Blome, 556 S., 40 Farbtafeln,
Pappband. **DM 24,80 / S 198.–**

Meine Vollkornbackstube
Brot · Kuchen · Aufläufe. (0616) Von R.
Raffelt, 96 S., 4 Farbtafeln, 12 Zeichnun-
gen, kart. **DM 6,80 / S 59.–**

FALKEN-FEINSCHMECKER
Mit Körnern, Zimt und Mandelkern
Vollkorngebäck
(0816) Von M. Bustorf-Hirsch, 48 S.,
39 Farbfotos, Pappband.
DM 9,80 / S 79.–

Biologisch Backen
Neue Rezeptideen für Kuchen, Brote,
Kleingebäck aus vollem Korn. (4174) Von
M. Bustorf-Hirsch, 136 S., 15 Farbtafeln,
47 Zeichnungen, kart. **DM 14,80 / S 119,–**

Selbst Brotbacken
Über 50 erprobte Rezepte. (0370) Von J.
Schiermann, 80 S., 6 Zeichnungen,
4 Farbtafeln, kart. **DM 6,80 / S 59.–**

Mehr Freude und Erfolg beim
Brotbacken
(4148) Von A. und G. Eckert, 160 S.,
177 Farbfotos, Pappband.
DM 24,80 / S 198.–

Brotspezialitäten
knusprig backen – herzhaft kochen.
(5088) Von J. W. Hochscheid und L.
Helger, 64 S., 48 Farbfotos, Pappband.
DM 14,80 / S 119.–

Weihnachtsbäckerei
Köstliche Plätzchen, Stollen, Honig-
kuchen und Festtagstorten. (0682) Von
M. Sauerborn, 32 S., 36 Farbfotos,
Pappband. **DM 7,80 / S 69.–**

Waffeln
süß und pikant. (0522) Von C. Stephan,
64 S., 8 Farbtafeln, kart.
DM 6,80 / S 59.–

Kochen für Diabetiker
Gesund und schmackhaft für die ganze
Familie. (4132) Von M. Toeller,
W. Schumacher, A. C. Groote, 224 S.,
109 Farbfotos, 94 Zeichnungen,
Pappband. **DM 29,80 / S 239.–**

Neue Rezepte für Diabetiker-Diät
Vollwertig – abwechslungsreich – kalo-
rienarm. (0418) Von M. Oehlrich, 120 S.,
8 Farbtafeln, kart. **DM 9,80 / S 79.–**

Schlemmertips für Figurbewußte
(0680) Von V. Kahn, 64 S., 8 Farbtafeln,
kart. **DM 9,80 / S 79.–**

Wer schlank ist, lebt gesünder
Tips und Rezepte zum Schlankwerden
und -bleiben. (0562) Von R. Mainer,
80 S., 8 Farbtafeln, kart.
DM 8,80 / S 74.–

Kalorien – Joule
Eiweiß · Fett · Kohlenhydrate tabella-
risch nach gebräuchlichen Mengen.
(0374) Von M. Bormio, 88 S., kart.,
DM 6,80 / 59.–

Alles mit Joghurt
tagfrisch selbstgemacht. Mit vielen
Rezepten. (0382) Von G. Volz, 88 S.,
8 Farbtafeln, kart., **DM 7,80 / S 69.–**

Die Brot-Diät
Ein Schlankheitsplan ohne Extreme.
(0452) Von Prof. Dr. E. Menden und
W. Aign, 92 S., 8 Farbtafeln, kart.,
DM 7,80 / S 69.–

Gesund leben – schlank werden mit der
Bio-Kur
(0657) Von S. Winter, 144 S., 4 Farbtafeln, kart. **DM 9,80 / S 79.–**

Miekes Kräuter- und Gewürzkochbuch
(0323) Von I. Persy und K. Mieke, 96 S.,
8 Farbtafeln, kart. **DM 8,80 / S 74,–**

Salate
(4119) Von C. Schönherr, 240 S., 115 Farbfotos, gebunden. **DM 48,– / S 389.–**

Delikate Salate
für alle Gelegenheiten rund um's Jahr.
(5002) Von E. Fuhrmann, 64 S., 50 Farbfotos, Pappband. **DM 14,80 / S 119.–**

Das köstliche knackige Schlemmer-
vergnügen.
Salate
(4165) Von V. Müller. 160 S., 80 Farbfotos, Pappband. **DM 24,80 / S 198,–**

111 köstliche Salate
Erprobte Rezepte mit Pfiff. (0222) Von
C. Schönherr, 96 S., 8 Farbtafeln,
30 Zeichnungen, kart. **DM 8,80 / S 74.–**

Rohkost
Schmackhafte Gerichte für die gesunde
Ernährung. (5044) Von I. Gabriel, 64 S.,
53 Farbfotos, Pappband.
DM 14,80 / S 119.–

Joghurt, Quark, Käse und Butter
Schmackhaftes aus Milch hausgemacht.
(0739) Von M. Bustorf-Hirsch. 32 S.,
59 Farbabb., Pappband. **DM 7,80 / S 69.–**

**Die abwechslungsreiche
Vollwertküche**
Vitaminreich und naturbelassen kochen
und backen. (4229) Von M. Bustorf-
Hirsch, K. Siegel, 280 S., 31 Farbfotos,
78 Zeichnungen, Pappband.
DM 36,– / S 319.–

Alternativ essen
Die gesunde Sojaküche. (0553) Von U.
Kolster, 112 S., 8 Farbtafeln, kart.
DM 9,80 / S 79.–

Das Reformhaus-Kochbuch
Gesunde Ernährung mit hochwertigen
Naturprodukten. (4180) Von A. u. G.
Eckert, 160 S. 15 Farbtafeln, Pappband.
DM 24,80 / S 198.–

**Gesund kochen mit Keimen und
Sprossen**
(0794) Von M. Bustorf-Hirsch, 104 S.,
8 Farbtafeln, 13 s/w-Zeichnungen, kart.
DM 8,80 / S 74.–

Die feine Vegetarische Küche
(4235) Von F. Faist, 160 S., 191 Farbfotos, Pappband. **DM 24,80 / S 198.–**

Biologische Ernährung
für eine natürliche und gesunde Lebensweise. (4125) Von G. Leibold, 136 S.,
15 Farbtafeln, 47 Zeichnungen, kart.
DM 14,80 / S 119.–

Gesunde Ernährung für mein Kind
(0776) Von M. Bustorf-Hirsch, 96 S.,
8 Farbtafeln, 5 s/w Zeichnungen, kart.
DM 9,80 / S 79.–

Vitaminreich und naturbelassen
Biologisch Kochen
(4162) Von M. Bustorf-Hirsch und
K. Siegel, 144 S., 15 Farbtafeln, 31 Zeichnungen, kart., **DM 14,80 / S 119.–**

Gesund kochen
wasserarm · fettfrei · aromatisch.
(4060) Von M. Gutta, 240 S., 16 Farbtafeln, Pappband. **DM 29,80 / S 239.–**

Kräuter- und Heilpflanzen-Kochbuch
für eine gesunde Lebensweise. (4066)
Von P. Pervenche, 143 S., 15 Farbtafeln.
kart. **DM 14,80 / S 119,–**

Pralinen und Konfekt
Kleine Köstlichkeiten selbstgemacht.
(0731) Von H. Engelke, 32 S., 57 Farbfotos, Pappband. **DM 7,80 / S 69,–**

FALKEN-FEINSCHMECKER
Zart schmelzende Versuchungen
Schokolade
(0819) Von J. Schroer, 48 S., 53 Farbfotos, Pappband. **DM 9,80 / S 79.–**

Köstlichkeiten für Gäste und Feste
Kalte Platten
(4200) Von I. Pfliegner, 160 S., 130 Farbfotos, Pappband. **DM 24,80 / S 198,–**

Kochen für Gäste
Köstliche Menüs mit Liebe zubereitet.
(5149) Von R. Wesseler, 64 S., 40 Farbfotos, Pappband. **DM 14,80**/S 119,–

Das richtige Frühstück
Gesunde Vollwertkost vitaminreich und
naturbelassen.
(0784) Von C. Kratzel und R. Böll, 32 S.,
28 Farbfotos, Pappband. **DM 7,80**/S 69.–

Bocuse à la carte
Französisch kochen mit dem Meister.
(4237) Von P. Bocuse, 88 S., 218 Farbfotos, Pappband. **DM 19,80**/S 159,–
auch als Video-Kassette erhältlich

Kochschule mit Paul Bocuse
(6016/VHS, 6017/Video 2000,
6018/Beta), 60 Min. in Farbe
DM 69,–/S 619,–
unverb. Preisempfehlung)

Natursammlers Kochbuch
Wildfrüchte und Gemüse, Pilze, Kräuter –
finden und zubereiten. (4040) Von
C. M. Kerler, 140 S., 12 Farbtafeln, kart.
DM 19,80/S 159,–

Neue Cocktails und Drinks
mit und ohne Alkohol. (0517) Von
S. Späth, 128 S., 4 Farbtafeln, kart.,
DM 9,80/S 79.–

Mixgetränke
mit und ohne Alkohol (5017) Von C. Arius,
64 S., 35 Farbfotos, Pappband
DM 14.80/S 119.–

Cocktails und Mixereien
für häusliche Feste und Feiern. (0075)
Von J. Walker, 96 S., 4 Farbtafeln, kart.
DM 6,80/S 59.–

**Die besten Punsche, Grogs und
Bowlen**
(0575) Von F. Dingden, 64 S., 2 Farbtafeln, kart. **DM 6,80**/S 59.–

Weine und Säfte, Liköre und Sekt
selbstgemacht. (0702) Von P. Arauner,
232 S., 76 Abb., kart. **DM 16,80**/S 139,–

Mitbringsel aus meiner Küche
selbst gemacht und liebevoll verpackt.
(0668) Von C. Schönherr, 32 S., 30 Farbfotos, Pappband. **DM 7,80**/S 69,–

Weinlexikon
Wissenswertes über die Weine der Welt.
(4149) Von U. Keller, 228 S., 6 Farbtafeln, 395 s/w-Fotos, Pappband.
DM 29,80/S 239.–

Köstliches Lebenselixier Wein
(2204) Von H. Steffan, 80 S., 74 Farbfotos u. Zeichnungen, Pappband.
DM 9,80/S 85.–

**Von der Romantik der blauen Stunde
Cocktails und Drinks**
(2209) Von S. Späth, 80 S., 25 Farbfotos
und Zeichnungen, Pappband.
DM 9,80/S 85.–

**Vom Genuß des braunen Goldes
Kaffee**
(2213) Von H. Strutzmann. 80 S.,
49 Fotos, Pappband. **DM 9,80**/S 85,–

Heißgeliebter Tee
Sorten, Rezepte und Geschichten. (4114)
Von C. Maronde, 153 S., 16 Farbtafeln,
93 Zeichnungen, gebunden.
DM 26,80/S 218.–

Tee für Genießer.
Sorten · Riten · Rezepte. (0356) Von M.
Nicolin, 64 S., 4 Farbtafeln, kart.
DM 5,80/S 49.–

Tee
Herkunft · Mischungen · Rezepte. (0515)
Von S. Ruske, 96 S., 4 Farbtafeln,
16 s/w Abbildungen, Pappband.
DM 9,80/S 79.–

Vom höchsten Genuß des Teetrinkens
(2201) Von I. Ubenauf, 80 S., 57 Farbfotos u. Zeichnungen, Pappband.
DM 9,80/S 85.–

Kinder lernen spielend backen
(5110) Von M. Gutta, 64 S., 45 Farbfotos,
Pappband. **DM 14,80**/S 119,–

Kinder lernen spielend kochen
Lieblingsgerichte mit viel Spaß selbst
zubereitet. (5096) Von M. Gutta, 64 S.,
45 Farbfotos, Pappband.
DM 14,80/S 119,–

Hobby

Aquarellmalerei
als Kunst und Hobby.
(4147) Von H. Haack und B. Wersche,
136 S., 62 Farbfotos, 119 Zeichnungen,
gebunden **DM 39,–**/S 319,–

Aquarellmalerei
Materialien · Techniken · Motive.
(5099) Von T. Hinz, 64 S., 79 Farbfotos,
Pappband. **DM 14,80**/S 119,–

Aquarellmalerei leicht gelernt
Materialien · Techniken · Motive.
(0787) Von T. Hinz, R. Braun, B. Zeidler,
32 S., 38 Farbfotos, 1 Zeichnung,
DM 7,80/S 69.–

Origami –
Die Kunst des Papierfaltens. (0280)
Von R. Harbin, 160 S., 633 Zeichnungen,
kart. **DM 9,80**/S 79,–

Hobby Origami
Papierfalten für groß und klein.
(0756) Von Z. Aytüre-Scheele, 88 S.,
über 800 Farbfotos, kart.
DM 19,80/S 159,–

Neue zauberhafte Origami-Ideen
Papierfalten für groß und klein.
(0805) Von Z. Aytüre-Scheele, 80 S.,
720 Farbfotos, kart. **DM 19,80**/S 159,–

Weihnachtsbasteleien
(0667) Von M. Kühnle und S. Beck, 32 S.,
56 Farbfotos, 6 Zeichnungen, Pappband.
DM 7,80/S 69,–

Falken-Handbuch
Zeichnen und Malen
(4167) Von B. Bagnall, 336 S., 1154 Farbabb., Pappband. **DM 68,–**/S 549,–

Naive Malerei
Materialien · Motive · Techniken
(5083) Von F. Krettek, 64 S., 76 Farbfotos, Pappband. **DM 14,80**/S 119,–

Bauernmalerei
als Kunst und Hobby. (4057) Von A. Gast
und H. Stegmüller, 128 S., 239 Farbfotos, 26 Riß-Zeichnungen, kart.
DM 39,–/S 319,–

Hobby Bauernmalerei
(0436) Von S. Ramos und J. Roszak,
80 S., 116 Farbfotos und 28 Motivvorlagen, kart. **DM 19,80**/S 159,–

Bauernmalerei
Kreatives Hobby nach alter Volkskunst
(5039) Von S. Ramos, 64 S., 85 Farbfotos, Pappband. **DM 14,80**/S 119,–

Glasmalerei
als Kunst und Hobby. (4088) Von
F. Krettek und S. Beeh-Lustenberger,
132 S., 182 Farbfotos, 38 Motivvorlagen,
Pappband. **DM 39,–**/S 319,–

Naive Hinterglasmalerei
Materialien · Techniken · Bildvorlagen
(5145) Von F. Krettek, 64 S., 87 Farbfotos, 6 Zeichnungen, Pappband.
DM 16,80/S 139,–

Glasritzen
Materialien · Formen · Motive. (5109)
Von G. Mégroz, 64 S., 110 Farbfotos,
15 Zeichnungen, Pappband.
DM 14,80/S 119,–

Kalligraphie
Die Kunst des schönen Schreibens
(4263) Von C. Hartmann, 120 S.,
44 Farbvorlagen, 29 s/w-Vorlagen,
2 s/w-Zeichnungen, 38 Farbfotos,
Pappband. **DM 49,–**/S 398.–

Kunstvolle Seidenmalerei
Mit zauberhaften Ideen zum Nachgestal-
ten. (0783) Von I. Demharter, 32 S.,
56 Farbfotos, Pappband.
DM 7,80/S 74,–

Zauberhafte Seidenmalerei
Materialien · Techniken · Gestaltungs-
vorschläge. (0664) Von E. Dorn, 32 S.,
62 Farbfotos, Pappband.
DM 7,80/S 69,–

Hobby Seidenmalerei
(0611) Von R. Henge, 88 S.,
106 Farbfotos, 28 Zeichnungen, kart.
DM 19,80/S 159,–

Hobby Stoffdruck und Stoffmalerei
(0555) Von A. Ursin, 80 S., 68 Farbfotos,
68 Zeichnungen, kart.
DM 19,80/S 159,–

Stoffmalerei und Stoffdruck
Materialien · Techniken · Ideen · Modelle
(5074) Von H. Gehring, 64 S., 110 Farbfotos, Pappband. **DM 14,80**/S 119,–

Batik
leicht gemacht. Materialien ·Färbe-
techniken · Gestaltungsideen. (5112) Von
A. Gast, 64 S., 105 Farbfotos, Pappband.
DM 14,80/S 119,–

Textilfärben
Färben so einfach wie Waschen. (0693)
Von W. Siegrist, P. Schärli, 32 S., 47 Farb-
fotos, 3 Zeichnungen, Spiralbindung.
DM 7,80/S 69,–

Kreatives Bilderweben
Materialien – Vorlagen – Motive
(0814) Von A. Schulte-Huxel, 32 S.,
58 Farbfotos, 8 Zeichnungen, Pappband.
DM 9,80/S 79,–

Schöne Geschenke selbermachen
(4128) Von M. Kühnle, 128 S.,
278 Farbfotos, 85 farbige Zeichnungen,
gebunden. **DM 39,–**/S 319,–

Flechten
mit Bast, Stroh und Peddigrohr. (5098)
Von H. Hangleiter, 64 S., 47 Farbfotos,
76 Zeichnungen, Pappband.
DM 14,80/S 119,–

Makramee
Knüpfarbeiten leicht gemacht. (5075)
Von B. Pröttel, 64 S., 95 Farbfotos,
Pappband. **DM 12,80**/S 99,–

Häkeln und Makramee
Techniken · Geräte · Arbeitsmuster.
(0320) Von M. Stradal, 104 S., 191 Abb.
und Schemata, kart. **DM 6,80**/S 59,–

Falken-Handbuch
Häkeln
ABC der Häkeltechniken und Häkelmuster
in ausführlichen Schritt-für-Schritt-
Bildfolgen.
(4194) Von H. Fuchs, M. Natter, 288 S.,
597 Farbfotos, 476 farbige Zeichnungen.
DM 39,–/S 319,–

Häkeln
Schritt für Schritt für Rechts- und Links-
händer. (5134) Von H. Klaus, 64 S.,
120 Farbfotos, 144 Zeichnungen,
Pappband. **DM 14,80/S 119,–**

Klöppeln
Schritt für Schritt leicht gelernt. (0788)
Von U. Seiffer, 32 S., 42 Farb-, 1 s/w-
Foto, 25 Zeichnungen, mit Klöppelbriefen,
Pappband. **DM 9,80/S 79,–**

Sticken
Schritt für Schritt für Rechts- und Links-
händer. (5135) Von U. Werner, 64 S.,
196 Farbfotos, 96 Zeichnungen, Pappband. **DM 14,80/S 119,–**

Monogrammstickerei
Mit Vorlagen für Initialen, Vignetten und
Ornamente. (5148) Von H. Fuchs, 64 S.,
50 Farbfotos, 50 Zeichnungen, Pappband.
DM 14,80/S 119,–

Falken-Handbuch Stricken
ABC der Stricktechniken und Strick-
muster in ausführlichen Schritt-für-
Schritt-Bildfolgen. (4137) Von M. Natter,
312 S., 106 Farb- und 922 s/w-Fotos,
318 Zeichnungen, Pappband.
DM 36,–/S 298,–

Bestrickend schöne Ideen
Pullover, Westen, Ensembles, Jacken
(4178) Von R. Weber, 208 S., 220 Farbfotos, 358 Zeichnungen, Pappband.
DM 29,80/S 239,–

Chic in Strick
Neue Pullover
Westen · Jacken · Kleider · Ensembles.
(4224) Hrsg. R. Weber, 192 S., 255 Farbabb., Pappband. **DM 29,80/S 239,–**

Perfekt Stricken
(4250) Von H. Jaacks, 256 S.,
703 Farbfotos, 169 Farb- und
121 s/w-Zeichnungen, Pappband.
DM 29,80/S 239,–

Videokassette Stricken
(6007/VHS, 6008/Video 2000,
6009/Beta). Von P. Krolikowski-Habicht,
H. Jaacks, 51 Min., in Farbe.
DM 49,80/S 448,–
(unverbindl. Preisempf.)

Stricken
Schritt für Schritt für Rechts- und Links-
händer. (5142) Von S. Oelwein-Schefczik,
64 S., 148 Farbfotos, 173 Zeichnungen,
Pappband. **DM 14,80/S 119,–**

**Die schönsten Handarbeiten zum
Verschenken**
(4225) Von B. Wenzelburger, 128 S.,
156 Farbfotos, 70 2-farbige Zeichnungen, Pappband. **DM 39,–/S 319,–**

Kuscheltiere stricken und häkeln
Arbeitsanleitungen und Modelle. (0734)
Von B. Wehrle, 32 S., 60 Farbfotos,
28 Zeichnungen, Spiralbindung.
DM 7,80/S 69,–

Hobby Patchwork und Quilten
(0768) Von B. Staub-Wachsmuth, 80 S.,
108 Farbabb., 43 Zeichnungen, kart.
DM 19,80/S 159,–

Textiles Gestalten
Weben, Knüpfen, Batiken, Sticken,
Objekte und Strukturen. (5123) Von
J. Fricke, 136 S., 67 Farb- und 189 s/w-
Fotos, 15 Zeichnungen, kart.
DM 16,80/S 139,–

Gestalten mit Glasperlen
fädeln · sticken · weben (0640) Von
A. Köhler, 32 S., 55 Farbfotos, Spiralbindung. **DM 6,80/S 59,–**

Neue zauberhafte Salzteig-Ideen
(0719) Von I. Kiskalt, 80 S., 320 Farbfotos, 12 Zeichnungen, kart.
DM 19,80/S 159,–

Hobby Salzteig
(0662) Von I. Kiskalt, 80 S., 150 Farbfotos, 5 Zeichnungen, Schablonen, kart.
DM 19,80/S 159,–

Gestalten mit Salzteig
formen · bemalen · lackieren. (0613) Von
W.-U. Cropp, 32 S., 56 Farbfotos,
17 Zeichnungen, Pappband.
DM 7,80/S 69,–

Originell und dekorativ
Salzteig mit Naturmaterialien
(0833) Von A. und H. Wegener, 80 S.,
166 Farbfotos, kart. **DM 19,80/S 159.–**

**Buntbemalte Kunstwerke aus
Salzteig**
Figuren, Landschaften und Wandbilder.
(5141) Von G. Belli, 64 S., 165 Farbfotos,
1 Zeichnung, Pappband.
DM 14,80/S 119.–

Kreatives Gestalten mit Salzteig
Originelle Motive für Fortgeschrittene.
(0769) Hrsg. I. Kiskalt, 80 S., 168 Farbfotos, kart. **DM 19,80/S 159,–**

Videokassette Salzteig
(6010/VHS, 6011/Video 2000,
(6012/Beta) Von I. Kiskalt, Dr. A. Teuchert,
in Farbe. ca. 35 Min. **DM 69,– / S 619.–**
(Unverb. Preisempfehlung)

Tiffany-Spiegel selbermachen
Materialien · Arbeitsanleitung · Vorlagen.
(0761) Von R. Thomas, 32 S., 53 Farbfotos, Pappband. **DM 7,80/S 69,–**

Tiffany-Lampen selbermachen
Arbeitsanleitung · Materialien · Modelle.
(0684) Von I. Spliethoff, 32 S., 60 Farbfotos, Pappband. **DM 7,80/S 69,–**

Hobby Glaskunst in Tiffany-Technik
(0781) Von N. Köppel, 80 S., 194 Farbfotos, 6 s/w-Abb., kart.,
DM 19,80/S 159,–

Kerzen und Wachsbilder
gießen · modellieren · bemalen. (5108)
Von Ch. Riess, 64 S., 110 Farbfotos,
Pappband. **DM 14,80/S 119.–**

Hobby Holzschnitzen
Von der Astholzfigur zur Vollplastik.
(5101) Von H.-D. Wilden, 112 S., 16 Farbtafeln, 135 s/w-Fotos, kart.
DM 16,80/S 139,–

Bastelspaß mit der Laubsäge
Mit Schnittmusterbogen für viele Modelle
in Originalgröße. (0741) Von L. Giesche,
M. Bausch, 32 S., 61 Farbfotos, 7 Zeich-
nungen, Schnittmusterbogen, Pappband.
DM 9,80/S 79,–

Falken-Heimwerker-Praxis
Tapezieren
(0743) Von W. Nitschke, 112 S., 186 Farbfotos, 9 Zeichnungen, kart.
DM 19,80/S 159,–

Falken-Heimwerker-Praxis
Anstreichen und Lackieren
(0771) Von P. Müller, 120 S., 186 Farbfotos, 2 s/w Fotos, 3 Zeichnungen, kart.
DM 19,80/S 159,–

Falken-Heimwerker-Praxis
Fahrrad-Reparaturen
(0796) Von R. van der Plas, 112 S.,
140 Farbfotos, 113 farbige Zeichnungen,
kart. **DM 19,80/S 159,–**

**Falken-Handbuch
Heimwerken**
Reparieren und Selbermachen in Haus
und Wohnung – über 1100 Farbfotos.
Praktische Tips vom Profi: Selbermache
– Reparieren, Renovieren, Kostensparen
(4117) Von Th. Pochert, 440 S.,
1103 Farbfotos. 100 ein- und zweifarbig
Abb., Pappband. **DM 49,–/S 398,–**

Restaurieren von Möbeln
Stilkunde, Materialien, Techniken,
Arbeitsanleitungen in Bildfolgen.
(4120) Von E. Schnaus-Lorey, 152 S.,
37 Farbfotos, 75 s/w Fotos, 352 Zeichnungen, Pappband. **DM 39,– / S 319,–**

**Möbel aufarbeiten, reparieren und
pflegen**
(0386) Von E. Schnaus-Lorey, 96 S.,
28 Fotos, 101 Zeichnungen, kart.,
DM 9,80/S 79,–

**Vogelhäuschen, Nistkästen, Vogel-
tränken** mit Plänen und Anleitungen
zum Selbstbau. (0695) Von J. Zech,
32 S., 42 Farbfotos, 5 Zeichnungen,
Pappband. **DM 7,80/S 69.–**

Papiermachen
ein neues Hobby. (5105) Von R. Weiden-
müller, 64 S., 84 Farbfotos, 9 s/w-Fotos
14 Zeichnungen, Pappband.
DM 16,80/S 139,–

**Schmuck und Objekte aus Metall und
Email**
(5078) Von J. Fricke, 120 S., 183 Abb.,
kart. **DM 16,80/S 139,–**

Strohschmuck selbstgebastelt
Sterne, Figuren und andere Dekorationer
(0740) Von E. Rombach, 32 S., 60 Farbfotos, 17 Zeichnungen, Pappband.
DM 7,80/S 69,–

Das Herbarium
Pflanzen sammeln, bestimmen und
pressen. (5113) Von I. Gabriel, 96 S.,
140 Farbfotos, Pappband.
DM 16,80/S 139,–

Gestalten mit Naturmaterialien
Zweige, Kerne, Federn, Muscheln und
anderes. (5128) Von I. Krohn, 64 S.,
101 Farbfotos, 11 farbige Zeichnungen,
Pappband. **DM 14,80/S 119,–**

Dauergestecke
mit Zweigen, Trocken- und Schnittblumen
(5121) Von G. Vocke, 64 S., 57 Farbfotos
Pappband. **DM 14,80/S 119,–**

Ikebana
Einführung in die japanische Kunst des
Blumensteckens. (0548) Von G. Vocke,
152 S., 47 Farbfotos, kart.
DM 19,80/S 159,–

Blumengestecke im Ikebanastil
(5041) Von G. Vocke, 64 S., 37 Farbfotos, viele Zeichnungen, Pappband.
DM 14,80/S 119,–

Hobby Trockenblumen
Gewürzsträuße, Gestecke, Kränze,
Buketts. (0643) Von R. Strobel-Schulze,
88 S., 170 Farbfotos, kart.
DM 19,80/S 159,–

Hobby Gewürzsträuße
und zauberhafte Gebinde nach Salz-
burger Art. (0726) Von A. Ott, 80 S.,
101 Farbfotos, 51 farbige Zeichnungen,
kart. **DM 19,80/S 159,–**

Trockenblumen und Gewürzsträuße
(5084) Von G. Vocke, 64 S., 63 Farbfotos, Pappband. **DM 12,80/S 99,–**

Arbeiten mit Ton
Töpfern mit und ohne Scheibe.
(5048) Von J. Fricke, 128 S., 15 Farbtafeln, 166 s/w-Fotos, kart.
DM 14,80/S 119,–

Töpfern
als Kunst und Hobby. (4073) Von
H. Fricke, 132 S., 37 Farbfotos, 222 s/w-
Fotos, gebunden. **DM 39,–**/S 319,–

Schöne Sachen modellieren
Originelles aus Cernit – ideenreich
gestaltet. (0762) Von G. Thelen, 32 S.,
105 Farbfotos, Pappband.
DM 7,80/S 69,–

Modellieren
mit selbsthärtendem Material. (5085)
Von K. Reinhardt, 64 S., 93 Farbfotos,
Pappband. **DM 14,80**/S 119,–

Porzellanpuppen
Zauberhafte alte Puppen selbst nach-
bilden. (5138) Von C. A. und D. Stanton,
64 S., 58 Farbfotos, 22 Zeichnungen,
Pappband. **DM 16,80**/S 139,–

Marionetten
entwerfen · gestalten · führen (5118) Von
A. Krause und A. Bayer, 64 S., 83 Farbfotos, 2 s/w-Fotos, 40 Zeichnungen,
Pappband. **DM 14,80**/S 119,–

Stoffpuppen
Liebenswerte Modelle selbermachen.
(5150) Von I. Wolff, 56 S., 115 Farbfotos,
45 Zeichnungen, mit Schnittmusterbogen,
Pappband. **DM 16,80**/S 139,–

Hobby Puppen
Bezaubernde Modelle selbst gestalten.
(0742) Von B. Wenzelburger, 88 S.,
163 Farbfotos, 41 Zeichnungen,
11 Schnittmuster, kart.
DM 19,80/S 159,–

**Puppen und Figuren aus Kunst-
porzellan**
gießen, bemalen und gestalten. (0735)
Von G. Baumgarten, 32 S., 86 Farbfotos,
Pappband. **DM 9,80**/S 79,–

Die liebenswerte Welt der Puppen
(2212) Von U. D. Damrau, 80 S., 60 Farbfotos, Pappband. **DM 9,80**/S 85,–

Selbstgestrickte Puppen
Materialien und Arbeitsanleitungen.
(0638) Von B. Wehrle, 32 S., 23 Farbfotos, 24 Zeichnungen, Pappband.
DM 9,80/S 79,–

Dekorative Rupfenpuppen
Arbeitsanleitungen und Gestaltungsvor-
schläge. (0733) Von B. Wenzelburger,
32 S., 57 Farbfotos, 14 Zeichnungen,
Spiralbindung. **DM 7,80**/S 69,–

Phantasiepuppen stricken und häkeln
Märchenhafte Modelle mit Arbeitsanleitungen. (0813) Von B. Wehrle, 32 S.,
26 Farbfotos, 30 einfarbige und 16 drei-
farbige Zeichnungen, Pappband.
DM 9,80/S 79,–

**Schritt für Schritt zum Scheren-
schnitt**
Materialien · Techniken · Gestaltungsvor-
schläge. (0732) Von H. Klingmüller,
32 S., 38 Farbfotos, 4 Vorlagen, Spiralbindung. **DM 7,80**/S 69,–

Garagentore selbst bemalt
Techniken und Motive. (0786) Von
H. u. Y. Nadolny, 32 S., 24 Farbfotos,
12 s/w-Zeichnungen, Pappband.
DM 9,80/S 79,–

Alle Jahre wieder…
Advent und Weihnachten
Basteln – Backen – Schmücken – Singen
– Vorlesen – Feiern.
(4260) Von H. und Y. Nadolny, 256 S.,
105 Farbfotos, 130 Zeichnungen,
Pappband. **DM 25,–**/S 200.–

Freizeit

Aktfotografie
Interpretationen zu einem unerschöpf-
lichen Thema.
Gestaltung · Technik · Spezialeffekte.
(0737) Von H. Wedewardt, 88 S.,
144 Farb- und 6 s/w-Fotos, 6 Zeichnungen, kart. **DM 19,80**/S 159,–

Videokassette Aktfotografie
Laufzeit ca. 60 Min. In Farbe.
(6001/VHS, 6002/Video 2000,
6003/Beta) **DM 69,–**/S 619,–
(unverb. Preisempfehlung)

So macht man bessere Fotos
Das meistverkaufte Fotobuch der Welt.
(0614) Von M. L. Taylor, 192 S., 457 Farbfotos, 15 Abb., kart. **DM 14,80**/S 119,–
Falken-Handbuch

Dunkelkammerpraxis
Laboreinrichtung · Arbeitsabläufe ·
Fehlerkatalog. (4140) Von E. Pauli,
200 S., 54 Farbfotos, 239 s/w-Fotos,
171 Zeichnungen, Pappband.
DM 39,–/S 319,–
Falken-Handbuch **Trickfilmen**
Flach-, Sach- und Zeichentrickfilme – von
der Idee zur Ausführung. (4131) Von
H.-D. Wilden, 144 S., über 430 überwie-
gend farbige Abb., Pappband.
DM 39,–/S 319,–

Moderne Schmalfilmpraxis
Ausrüstungen · Drehbuch · Aufnahme
Schnitt · Vertonung. (4043) Von U. Ney,
328 S., 29 Farbfotos, 177 s/w-Fotos,
57 Zeichnungen, gebunden.
DM 29,80/S 239,–

Schmalfilmen
Ausrüstung · Aufnahmepraxis · Schnitt
Ton. (0342) Von U. Ney, 108 S., 4 Farb-
tafeln, 25 s/w-Fotos, kart.
DM 9,80/S 79,–

Schmalfilme selbst vertonen
(0593) Von U. Ney, 96 S., 57 s/w-Fotos,
14 Zeichnungen, kart. **DM 9,80**/S 79,–

Fotografie – Das Schöne als Ziel
Zur Ästhetik und Psychologie der visuel-
len Wahrnehmung. (4122) Von E. Stark,
208 S., 252 Farbfotos, 63 Zeichnungen,
Ganzleinen. **DM 78,–**/S 624,–

Ferngelenkte Motorflugmodelle
bauen und fliegen. (0400) Von W. Thies,
184 S., mit Zeichnungen und Detail-
plänen, kart. **DM 16,80**/S 139,–

Modellflug-Lexikon
(0549) Von W. Thies, 280 S.,
98 s/w-Fotos, 234 Zeichnungen,
Pappband. **DM 36,–**/S 298,–

Flugmodelle
bauen und einfliegen. (0361) Von W.
Thies und Willi Rolf, 160 S., 63 Abb.,
7 Faltpläne, kart. **DM 12,80**/S 99,–

CB-Code
Wörterbuch und Technik. (0435) Von
R. Kerler, 120 S.,5 s/w Fotos, 9 Zeich-
nungen, kart. **DM 9,80**/S 79,–

Kleine Welt auf Schienen
Das faszinierende Spiel mit **Modelleisenbahnen** (4175) Von F. Eisen, 256 S.,
72 Farb- und 180 s/w-Fotos, 25 Zeichnungen, Pappband. **DM 29,80**/S 239,–

Modelleisenbahnen im Freien
Mit Volldampf durch den Garten. (4245)
Von F. Eisen, 96 S., 115 Farb-, 4 s/w-
Fotos, 5 Zeichnungen, Pappband.
DM 29,80/S 239,–

Raketen auf Rädern
Autos und Motorräder an der Schall-
grenze. (4220) Von H. G. Isenberg, 96 S.,
112 Farbfotos, 21 s/w-Fotos, Pappband.
DM 24,80/S 198,–

Die rasantesten Rallyes der Welt
(4213) Von H. G. Isenberg und D.
Maxeiner, 96 S., 116 Farbfotos,
Pappband. **DM 24,80**/S 198,–

Trucks
Giganten der Landstraßen in aller Welt.
(4222) Von H. G. Isenberg, 96 S.,
131 Farbfotos, Pappband.
DM 24,80/S 198,–

Die Super-Trucks der Welt
(4257) Von H. G. Isenberg, 194 S.,
205 Farbfotos, 87 s/w-Fotos, 7 Farbzeichnungen, 4 Ausklapptafeln,
Pappband. **DM 39,–**/S 319,–

Ferngelenkte Elektromodelle
bauen und fliegen. (0700) Von W. Thies,
144 S., 52 s/w-Fotos, 50 Zeichnungen,
kart. **DM 16,80**/139.–

Schiffsmodelle
selber bauen. (0500) Von D. und R. Loch-
ner, 200 S., 93 Zeichnungen, 2 Faltpläne,
kart. **DM 14,80**/S 119,–

Dampflokomotiven
(4204) Von W. Jopp, 96 S., 134 Farbfotos, Pappband. **DM 24,80**/S 198,–

Zivilflugzeuge
Vom Kleinflugzeug zum Überschall-Jet.
(4218) Von R. J. Höhn und H. G.
Isenberg, 96 S., 115 Farbfotos,
Pappband. **DM 24,80**/S 198,–

Ferngelenkte Segelflugmodelle
bauen und fliegen. (0446) Von W. Thies,
176 S., 22 s/w-Fotos, 115 Zeichnungen,
kart. **DM 14,80**/S 119,–

Die schnellsten Motorräder der Welt
(4206) Von H. G. Isenberg und D.
Maxeiner, 96 S., 100 Farbfotos,
Pappband. **DM 24,80**/S 198,–

Motorrad-Hits
Chopper, Tribikes, Heiße Öfen. (4221)
Von H. G. Isenberg, 96 S., 119 Farbfotos,
Pappband. **DM 24,80**/S 198,–

Die Super-Motorräder der Welt
(4193) Von H. G. Isenberg, 192 S.,
170 Farb- und 100 s/w-Fotos, 8 Zeichnungen, Pappband. **DM 39,–**/S 319,–

Motorrad-Faszination
Heiße Öfen, von denen jeder träumt.
(4223) Von H. G. Isenberg, 96 S.,
103 Farb- und 20 s/w-Fotos, Pappband.
DM 24,80/S 198,–

Autos, die die Welt bewegten
Oldtimer
(2217) Von H. G. Isenberg, 80 S.,
32 Farb- und 22 s/w-Fotos, Pappband.
DM 9,80/S 85,–

Münzen
Ein Brevier für Sammler. (0353) Von
E. Dehnke, 128 S., 4 Farbtafeln, 17 s/w-
Abb., kart. **DM 9,80**/S 79,–

Astronomie als Hobby
Sternbilder und Planeten erkennen und
benennen. (0572) Von D. Block, 176 S.,
16 Farbtafeln, 49 s/w-Fotos, 93 Zeichnungen, kart. **DM 14,80**/S 119,–

Der Bart
Die individuelle Note des Mannes. (2222)
Von H. Strutzmann, 80 S., 58 Farbfotos,
Pappband. **DM 9,80**/S 85,–

Gitarre spielen
Ein Grundkurs für den Selbstunterricht.
(0534) Von A. Roßmann, 96 S., 1 Schall-
folie, 150 Zeichnungen, kart.
DM 24,80/S 198,–

Falken-Handbuch Zaubern
Über 400 verblüffende Tricks. (4063)
Von F. Stutz, 368 S., 1200 Zeichnungen,
Pappband. **DM 36,–**/S 298.–

Zaubern
einfach – aber verblüffend. (2018) Von
D. Buoch, 84 S., 41 Zeichnungen, kart.
DM 6,80/S 59.–

Zaubertricks
Das große Buch der Magie. (0282) Von
J. Zmeck, 244 S., 113 Abb., kart.
DM 14,80/S 119.–

Magische Zaubereien
(0672) Von W. Widenmann, 64 S.,
31 Zeichnungen, kart. **DM 7,80**/S 69.–

Pfeife rauchen
Die hohe Kunst, Tabak zu genießen.
(2203) Von W. Hufnagel, 80 S., 77 Farbfotos, 4 s/w-Fotos, 11 Zeichnungen,
Pappband. **DM 9,80**/S 85.–

Mit vollem Genuß
Pfeife rauchen
Alles über Tabaksorten, Pfeifen und
Zubehör. (4227) Von H. Behrens,
H. Frickert, 168 S., 127 Farbfotos,
18 Zeichnungen, Pappband.
DM 39,–/S 319,–

Mineralien, Steine und Fossilien
Grundkenntnisse für Hobby-Sammler.
(0437) Von D. Stobbe, 96 S., 16 Farbtafeln, 14 s/w-Fotos, 10 Zeichnungen,
kart. **DM 9,80**/S 79.–

Vom verführerischen Feuer der
Edelsteine
(2221) Von H. A. Mehler, R. Klotz, 80 S.,
46 Farbfotos, Pappband.
DM 9,80/S 85,–

Freizeit mit dem Mikroskop
(0291) Von M. Deckart, 132 S., 8 Farbtafeln, 64 s/w Abb., 2 Zeichnungen, kart.
DM 9,80/S 79.–

Briefmarken
sammeln für Anfänger. (0481) Von
D. Stein, 120 S., 4 Farbtafeln,
98 s/w-Abb., kart. **DM 9,80**/S 79.–

Wir lernen tanzen
Standard- und lateinamerikanische
Tänze. (0200) Von E. Fern, 168 S.,
118 s/w-Fotos, 47 Zeichnungen, kart.
DM 9,80/S 79.–

Tanzstunde
Das Welttanzprogramm · Party-Tanz-
stunde. (5018) Von G. Hädrich, 172 S.,
443 s/w-Fotos, 140 Zeichnungen,
Pappband. **DM 19,80**/S 159,–

So tanzt man Rock'n'Roll
Grundschritte · Figuren · Akrobatik.
(0573) Von W. Steuer und G. Marz,
224 S., 303 Abb., kart.
DM 16,80/ S 139,–

Disco-Tänze
(0491) Von B. und F. Weber, 104 S.,
104 Abb., kart. **DM 6,80**/S 59,–

Tanzen überall
Discofox, Rock'n'Roll, Blues, Langsamer
Walzer, Cha-Cha-Cha zum Selberlernen.
(0760) Von H. M. Pritzer, 112 S.,
128 Farbfotos, kart. **DM 19,80**/S 159,–

Videokassette Tanzen überall
Discofox, Rock'n'Roll, Blues. (6004/VHS,
6005/Video 2000, 6006/Beta) Von
H. M. Pritzer, G. Steinheimer, in Farbe,
ca. 45 Min. **DM 69,–**/S 619,–
(unverb. Preisempfehlung)

**Unser schönes Deutschland
neu gesehen**
(4199) Hrsg. U. Moll, 208 S., 800 Farbfotos, Pappband. **DM 29,80**/S 239,–

Schwarzwald-Romantik
Vom Zauber einer deutschen Landschaft.
(4232) Hrsg. A. Rolf, 184 S., 273 Farbfotos, Pappband. **DM 29,80**/S 239,–

Sport

Judo
Grundlagen des Stand- und Boden-
kampfes. (4013) Von W. Hofmann,
244 S., 589 Fotos, Pappband.
DM 29,80/S 239.–

Neue Lehrmethoden der Judo-Praxis
(0424) Von P. Herrmann, 223 S.,
475 Abb., kart. **DM 16,80**/S 139.–

Judo
Grundlagen – Methodik. (0305) Von
M. Ohgo, 208 S., 1025 Fotos, kart.
DM 14,80/S 119.–

Fußwürfe
für Judo, Karate und Selbstverteidigung.
(0439) Von H. Nishioka, 96 S., 260 Abb.,
kart. **DM 9,80**/S 79.–

Karate für alle
Karate-Selbstverteidigung in Bildern.
(0314) Von A. Pflüger, 112 S., 356 s/w-
Fotos, kart. **DM 9,80**/S 79.–

Karate für Frauen und Mädchen
Sport und Selbstverteidigung. (0425)
Von A. Pflüger, 168 S., 259 s/w-Fotos,
kart. **DM 12,80**/S 99.–

Nakayamas Karate perfekt 1
Einführung. (0487) Von M. Nakayama,
136 S., 605 s/w-Fotos, kart.
DM 19,80/S 159.–

Nakayamas Karate perfekt 2
Grundtechniken. (0512) Von
M. Nakayama, 136 S., 354 s/w-Fotos,
53 Zeichnungen, kart.
DM 19,80/S 159.–

Nakayamas Karate perfekt 3
Kumite 1: Kampfübungen. (0538) Von
M. Nakayama, 128 S., 424 s/w-Fotos,
kart. **DM 19,80**/S 159.–

Nakayamas Karate perfekt 4
Kumite 2: Kampfübungen. (0547) Von
M. Nakayama, 128 S., 394 s/w-Fotos,
kart. **DM 19,80**/S 159.–

Nakayamas Karate perfekt 5
Kata 1: Heian, Tekki. (0571) Von
M. Nakayama, 144 S., 1229 s/w-Fotos,
kart. **DM 19,80**/S 159.–

Nakayamas Karate perfekt 6
Kata 2: Bassai-Dai, Kanku-Dai,
(0600) Von M. Nakayama, 144 S.,
1300 s/w-Fotos, 107 Zeichnungen, kart.
DM 19,80/S 159.–

Nakayamas Karate perfekt 7
Kata 3: Jitte, Hangetsu, Empi. (0618)
Von M. Nakayama, 144 S., 1988 s/w-
Fotos, 105 Zeichnungen, kart.
DM 19,80/S 159.–

Nakayamas Karate perfekt 8
Gankaku, Jion. (0650) Von
M. Nakayama, 144 S., 1174 s/w-Fotos,
99 Zeichnungen, kart. **DM 19,80**/S 159.–

Kontakt-Karate
Ausrüstung · Technik · Training. (0396)
Von A. Pflüger, 112 S., 238 s/w-Fotos,
kart. **DM 14,80**/S 119.–

Karate-Do
Das Handbuch des modernen Karate.
(4028) Von A. Pflüger, 360 S., 1159 Abb.,
Pappband. **DM 39,–**/S 319.–

Bo-Karate
Kukishin-Ryu – die Techniken des Stock-
kampfes. ((0447) Von G. Stiebler, 176 S.
424 s/w-Fotos, 38 Zeichnungen, kart.
DM 16,80/S 139.–

Karate I
Einführung · Grundtechniken. (0227)
Von A. Pflüger, 148 S., 195 s/w-Fotos,
120 Zeichnungen, kart.
DM 9,80/S 79.–

Karate II
Kombinationstechniken · Katas. (0239)
Von A. Pflüger, 176 S., 452 s/w-Fotos
und Zeichnungen, kart.
DM 9,80/S 79.–

Karate Kata 1
Heian 1-5, Tekki 1, Bassai Dai. (0683)
Von W.-D. Wichmann, 164 S., 703 s/w-
Fotos, kart. **DM 19,80**/S 159.–

Karate Kata 2
Jion, Empi, Kanku-Dai, Hangetsu.
(0723) Von W.-D. Wichmann, 140 S.,
661 s/w Fotos, 4 Zeichnungen, kart.
DM 19,80/S 159.–

Ninja 1
Die Lehre der Schattenkämpfer. (0758)
Von S. K. Hayes, 144 S., 137 s/w-Fotos,
kart. **DM 16,80**/S 139,–

Ninja 2
Die Wege zum Shoshin (0763) Von
S. K. Hayes, 160 S., 309 s/w-Fotos, kart
DM 16,80/S 139,–

Ninja 3
Der Pfad des Togakure-Kämpfers.
(0764) Von S. K. Hayes, 144 S., 197 s/w
Fotos, 2 Zeichnungen, kart.
DM 16,80/S 139,–

Ninja 4
Das Vermächtnis der Schattenkämpfer.
(0807) Von S. K. Hayes, 196 S., 466 s/w
Fotos, kart. **DM 16,80**/S 139,–

Der König des Kung-Fu
Bruce Lee
Sein Leben und Kampf. (0392) Von
seiner Frau Linda. 136 S., 104 s/w-Fotos
kart. **DM 19,80**/S 159.–

Bruce Lees Kampfstil 1
Grundtechniken. (0473) Von B. Lee und
M. Uyehara, 109 S., 220 Abb., kart.
DM 9,80/S 79.–

Bruce Lees Kampfstil 2
Selbstverteidigungs-Techniken. (0486)
Von B. Lee und M. Uyehara, 128 S.,
310 Abb., kart. **DM 9,80**/S 79.–

Bruce Lees Kampfstil 3
Trainingslehre. (0503) Von B. Lee und
M. Uyehara, 112 S., 246 Abb., kart.
DM 9,80/S 79.–

Bruce Lees Kampfstil 4
Kampftechniken. (0523) Von B. Lee und
M. Uyehara, 104 S., 211 Abb., kart.
DM 9,80/S 79.–

Bruce Lees Jeet Kune Do
(0440) Von B. Lee, 192 S., mit 105 eigen
händigen Zeichnungen von B. Lee, kart.
DM 19,80/S 159.–

Ju-Jutsu 1
Grundtechniken – Moderne Selbstverteidigung. (0276) Von W. Heim und
F. J. Gresch, 160 S., 460 s/w-Fotos,
8 Zeichnungen, kart. **DM 9,80**/S 79.–

Ju-Jutsu 2
für Fortgeschrittene und Meister. (0378)
Von W. Heim und F. J. Gresch, 164 S.,
798 s/w-Fotos, kart. **DM 19,80**/S 159.–

Die Preise entsprechen dem Status beim Druck diese

Ju-Jutsu 3
Spezial-, Gegen- und Weiterführungs-Techniken. (0485) Von W. Heim und F. J. Gresch, 214 S., über 600 s/w-Fotos, kart. **DM 19,80**/S 159.–

Ju-Jutsu als Wettkampf
(0826) Von G. Kulot, 168 S., 418 s/w-Fotos, 2 Zeichnungen, kart. **DM 19,80**/S 159.–

Nunchaku
Waffe · Sport · Selbstverteidigung. (0373) Von A. Pflüger, 144 S., 247 Abb., kart. **DM 16,80**/S 139.–

Shuriken · Tonfa · Sai
Stockfechten und andere bewaffnete Kampfsportarten aus Fernost. (0397) Von A. Schulz, 96 S., 253 s/w-Fotos, kart. **DM 12,80**/S 99.–

Illustriertes Handbuch des Taekwon-Do
Koreanische Kampfkunst und Selbstverteidigung. (4053) Von K. Gil, 248 S., 1026 Abb., Pappband. **DM 29,80**/S 239.–

Taekwon-Do
Koreanischer Kampfsport. (0347) Von K. Gil, 152 S., 408 Abb., kart. **DM 12,80**/S 99.–

Aikido
Lehren und Techniken des harmonischen Weges. (0537) Von R. Brand, 280 S., 697 Abb., kart. **DM 19,80**/S 159.–

Kung-Fu und Tai-Chi
Grundlagen und Bewegungsabläufe. (0367) Von B. Tegner, 182 S., 370 s/w-Fotos, kart. **DM 14,80**/S 119.–

Kung-Fu
Theorie und Praxis klassischer und moderner Stile. (0376) Von M. Pabst, 160 S., 330 Abb., kart. **DM 12,80**/S 99.–

Shaolin-Kempo – Kung-Fu
Chinesisches Karate im Drachenstil. (0395) Von R. Czerni und K. Konrad, 246 S., 723 Abbildungen, kart. **DM 19,80**/S 159.–

Hap Ki Do
Grundlagen und Techniken koreanischer Selbstverteidigung. (0379) Von Kim Sou Bong, 112 S., 153 Abb., kart. **DM 14,80**/S 119.–

Dynamische Tritte
Grundlagen für den Zweikampf. (0438) Von C. Lee, 96 S., 398 s/w-Fotos, 10 Zeichnungen, kart. **DM 9,80**/S 79.–

Kickboxen
Fitneßtraining und Wettkampfsport. (0795) Von G. Lemmens, 96 S., 208 s/w-Fotos, 23 Zeichnungen, kart. **DM 16,80**/S 139.–

Muskeltraining mit Hanteln
Leistungssteigerung für Sport und Fitness. (0676) Von H. Schulz, 108 S., 92 s/w-Fotos, 2 Zeichnungen, kart. **DM 9,80**/ S 79.–

Leistungsfähiger durch Krafttraining
Eine Anleitung für Fitness-Sportler, Trainer und Athleten (0617) Von W. Kieser, 100 S., 20 s/w-Fotos, 62 Zeichnungen, kart. **DM 9,80**/S 79.–

Bodybuilding
Anleitung zum Muskel- und Konditionstraining für sie und ihn. (0604) Von R. Smolana. 160 S., 171 s/w-Fotos, kart. **DM 9,80**/S 79.–

Hanteltraining zu Hause
(0800) Von W. Kieser, 80 S., 71 s/w-Fotos, 4 Zeichnungen, kart. **DM 9,80**/S 79.–

Fit und gesund
Körpertraining und Bodybuilding zu Hause. (0782) Von H. Schulz, 80 S., 100 Farbfotos, 3 Zeichnungen, kart. **DM 14,80**/S 119.–
Video-Kassette:

Fit und gesund
VHS (6013), Video 2000 (6014), Beta (6015), Laufzeit 30 Minuten, in Farbe. **DM 49,80**/ S 448,–
(unverb. Preisempf.)
Package (Buch und Kassette)

Fit und gesund
(6019/VHS, 6020/Video 2000, 6021/Beta). Von H. Schulz, **DM 69,–**/S 619,–
(unverbindl. Preisempf.)

Bodybuilding für Frauen
Wege zu Ihrer Idealfigur (0661) Von H. Schulz, 108 S., 84 s/w-Fotos, 4 Zeichnungen, großes farbiges Übungsposter, kart. **DM 14,80**/S 119.–

Isometrisches Training
Übungen für Muskelkraft und Entspannung. (0529) Von L. M. Kirsch, 140 S., 162 s/w-Fotos, kart. **DM 9,80**/S 79.–

Spaß am Laufen
Jogging für die Gesundheit. (0470) Von W. Sonntag, 140 S., 41 s/w-Fotos, 1 Zeichnung, kart. **DM 9,80**/S 79.–

Mein bester Freund, der Fußball
(5107) Von D. Brüggemann und D. Albrecht, 144 S., 171 Abb., kart. **DM 16,80**/S 139.–

Fußball
Training und Wettkampf. (0448) Von H. Obermann und P. Walz, 166 S., 92 s/w-Fotos, 15 Zeichnungen, 29 Diagramme, kart. **DM 12,80**/S 99.–

Handball
Technik · Taktik · Regeln. (0426) Von F. und P. Hattig, 128 S., 91 s/w-Fotos, 121 Zeichnungen, kart. **DM 14,80**/S 119.–

Volleyball
Technik · Taktik · Regeln. (0351) Von H. Huhle, 104 S., 330 Abb., kart. **DM 9,80**/S 79.–

Basketball
Technik und Übungen für Schule und Verein. (0279) Von C. Kyriasoglou, 116 S., mit 252 Übungen zur Basketballtechnik, 186 s/w-Fotos und 164 Zeichnungen, kart. **DM 12,80**/S 99.–

Hockey
Technische und taktische Grundlagen. (0398) Von H. Wein, 152 S., 60 s/w-Fotos, 30 Zeichnungen, kart. **DM 16,80**/S 139.–

Eishockey
Lauf- und Stocktechnik, Körperspiel, Taktik, Ausrüstung und Regeln. (0414) Von J. Capla, 264 S., 548 s/w-Fotos, 163 Zeichnungen, kart. **DM 19,80**/S 159.–

Badminton
Technik · Taktik · Training. (0699) Von K. Fuchs, L. Sologub, 168 S., 51 Abb., kart. **DM 16,80**/S 139.–

Golf
Ausrüstung · Technik · Regeln. (0343) Von J. C. Jessop, übersetzt von H. Biemer, mit einem Vorwort von H. Krings, Präsident des Deutschen Golf-Verbandes, 160 S., 65 Abb., Anhang Golfregeln des DGV, kart. **DM 16,80**/S 139.–

Pool-Billard
(0484) Herausgegeben vom Deutschen Pool-Billard-Bund, von M. Bach und K.-W. Kühn, 88 S., mit über 80 Abb., kart. **DM 7,80**/S 69.–

Sportschießen
für jedermann. (0502) Von A. Kovacic, 124 S., 116 s/w-Fotos, kart. **DM 14,80**/S 119.–

Fechten
Florett · Degen · Säbel. (0449) Von E. Beck, 88 S., 219 Fotos und Zeichnungen, kart. **DM 11,80**/S 94.–

Reiten
Dressur · Springen · Gelände. (0415) Von U. Richter, 168 S., 235 Abb., kart. **DM 12,80**/S 99.–

Fibel für Kegelfreunde
Sport- und Freizeitkegeln · Bowling. (0191) Von G. Bocsai, 72 S., 62 Abb., kart. **DM 5,80**/S 49.–

Beliebte und neue Kegelspiele
(0271) Von G. Bocsai, 92 S., 62 Abb., kart. **DM 5,80**/S 49.–

111 spannende Kegelspiele
(2031) Von H. Regulski, 88 S., 53 Zeichnungen, kart. **DM 7,80**/S 69.–

Ski-Gymnastik
Fit für Piste und Loipe. (0450) Von H. Pilss-Samek, 104 S., 67 s/w-Fotos, 20 Zeichnungen, kart. **DM 6,80**/S 59.–

Die neue Skischule
Ausrüstung · Technik · Trickskilauf · Gymnastik. (0369) Von C. und R. Kerler, 128 S., 100 Abb., kart. **DM 9,80**/S 79.–

Skilanglauf, Skiwandern
Ausrüstung · Techniken · Skigymnastik. (5129) Von T. Reiter und R. Kerler, 80 S., 8 Farbtafeln, 85 Zeichnungen und s/w-Fotos, kart. **DM 14,80**/S 119.–

Alpiner Skisport
Ausrüstung · Techniken · Skigymnastik (5130) Von K. Meßmann, 128 S., 8 Farbtafeln, 93 s/w-Fotos, 45 Zeichnungen, kart. **DM 14,80**/S 119.–

Die neue Tennis-Praxis
Der individuelle Weg zu erfolgreichem Spiel. (4097) Von R. Schönborn, 240 S., 202 Farbzeichnungen, 31 s/w-Abb., Pappband. **DM 39,–**/S 319.–

Erfolgreiche Tennis-Taktik
(4086) Von R. Ford Greene, übersetzt von M. R. Fischer, 182 S., 87 Abb., kart. **DM 19,80**/S 159.–

Moderne Tennistechnik
(4187) Von G. Lam, 192 S., 339 s/w-Fotos, 91 Zeichnungen, kart. **DM 24,80**/S 198,–

Tennis kompakt
Der erfolgreiche Weg zu Spiel, Satz und Sieg. (5116) Von W. Taferner, 128 S., 82 s/w-Fotos, 67 Zeichnungen, kart. **DM 14,80**/S 119.–

Tennis
Technik · Taktik · Regeln. (0375) Von H. Elschenbroich, 112 S., 81 Abb., kart. **DM 6,80**/S 59.–

Tischtennis-Technik
Der individuelle Weg zu erfolgreichem Spiel. (0775) Von M. Perger, 144 S., 296 Abb. kart. **DM 16,80**/S 139.–

Squash
Ausrüstung · Technik · Regeln. (0539) Von D. von Horn und H.-D. Stünitz, 96 S., 55 s/w-Fotos, 25 Zeichnungen, kart. **DM 8,80**/S 74.–

FALKEN VERLAG

Sporttauchen
Theorie und Praxis des Gerätetauchens.
(0647) Von S. Müßig, 144 S., 8 Farbtafeln, 35 s/w-Fotos, 89 Zeichnungen,
kart., **DM 14,80** /S 119.–

Windsurfing
Lehrbuch für Grundschein und Praxis.
(5028) Von C. Schmidt, 64 S., 60 Farbfotos, Pappband. **DM 12,80** /S 99.–

Segeln
Der neue Grundschein – Vorstufe zum
A-Schein – Mit Prüfungsfragen.
(5147) Von C. Schmidt, 80 S., 8 Farbtafeln, 18 Farbfotos, 82 Zeichnungen,
kart., **DM 14,80** /S 119.–

Sportfischen
Fische – Geräte – Technik. (0324) Von
H. Oppel, 144 S., 49 s/w-Fotos, 8 Farb-
tafeln, kart. **DM 9,80** /S 79.–

Falken-Handbuch Angeln
in Binnengewässern und im Meer. (4090)
Von H. Oppel, 344 S., 24 Farbtafeln,
66 s/w-Fotos, 151 Zeichnungen,
gebunden. **DM 39,–** /S 319.–

Angeln
Kleine Fibel für den Sportfischer. (0198)
Von E. Bondick, 96 S., 116 Abb., kart.
DM 8,80 /S 74.–

Die Erben Lilienthals
Sportfliegen heute
(4054) Von G. Brinkmann, 240 S.,
32 Farbtafeln, 176 s/w-Fotos, 33 Zeichnungen, gebunden. **DM 39,–** /S 319.–

Einführung in das Schachspiel
(0104) Von W. Wollenschläger und
K. Colditz, 92 S., 116 Diagramme, kart.
DM 6,80 /S 59.–

Schach mit dem Computer
(0747) Von D. Frickenschmidt, 140 S.,
112 Diagramme, 29 s/w-Fotos, 5 Zeichnungen, **DM 16,80** /S 139.–

Spielend Schach lernen
(2002) Von T. Schuster, 128 S., kart.
DM 6,80 /S 59.–

Kinder- und Jugendschach
Offizielles Lehrbuch des Deutschen
Schachbundes zur Erringung des Bauern-,
Turm- und Königsdiplome. (0561) Von
B. J. Withuis und H. Pfleger, 144 S.,
220 Zeichnungen u. Diagramme, kart.
DM 12,80 /S 99.–

Neue Schacheröffnungen
(0478) Von T. Schuster, 108 S.,
100 Diagramme, kart. **DM 8,80** /S 74.–

Schach für Fortgeschrittene
Taktik und Probleme des Schachspiels.
(0219) Von R. Teschner, 96 S., 85 Diagramme, kart. **DM 5,80** /S 49.–

Taktische Schachendspiele
(0752) Von J. Nunn, 200 S., 151 Diagramme, kart. **DM 16,80** /S 139.–

Schach-WM '85 Karpow – Kasparow.
Mit ausführlichen Kommentaren zu allen
Partien. (0785) Von H. Pfleger, O. Borik,
M. Kipp-Thomas, 128 S., zahlreiche Abb.
und Diagramme, kart. **DM 14,80** /S 119.–

Schachstrategie
Ein Intensivkurs mit Übungen und aus-
führlichen Lösungen. (0584) Von
A. Koblenz, dt. Bearb. von K. Colditz,
212 S., 240 Diagramme, kart.
DM 16,80 /S 139.–

Falken-Handbuch Schach
(4051) Von T. Schuster, 360 S., über
340 Diagramme, gebunden.
DM 36,– /S 298.–

**Die besten Partien deutscher
Schachgroßmeister**
(4121) Von H. Pfleger, 192 S.,
29 s/w-Fotos, 89 Diagramme,
Pappband. **DM 29,80** /S 239.–

Turnier der Schachgroßmeister '83
Karpow · Hort · Browne · Miles ·
Chandler · Garcia · Rogers · Kindermann.
(0718) Von H. Pfleger, E. Kurz, 176 S.,
29 s/w-Fotos, 71 Diagramme, kart.
DM 16,80 /S 139.–

**Lehr-, Übungs- und Testbuch der
Schachkombinationen**
(0649) Von K. Colditz, 184 S., 227 Diagramme, kart. **DM 14,80** /S 119.–

**Zug um Zug
Schach für jedermann 1**
Offizielles Lehrbuch des Deutschen
Schachbundes zur Erringung des Bauern-
diploms. (0648) Von H. Pfleger und
E. Kurz, 80 S., 24 s/w-Fotos,
8 Zeichnungen, 60 Diagramme, kart.
DM 6,80 / S 59.–

**Zug um Zug
Schach für jedermann 2**
Offizielles Lehrbuch des Deutschen
Schachbundes zur Erringung des Turm-
diploms. (0659) Von H. Pfleger und
E. Kurz, 132 S., 8 s/w-Fotos,
14 Zeichnungen, 78 Diagramme, kart.
DM 9,80 /S 79.–

**Zug um Zug
Schach für jedermann 3**
Offizielles Lehrbuch des Deutschen
Schachbundes zur Erringung des König-
diploms. (0728) Von H. Pfleger, G. Trepp-
ner, 128 S., 4 s/w-Fotos, 84 Diagramme,
10 Zeichnungen, kart. **DM 9,80** /S 79.–

Schachtraining mit den Großmeistern
(0670) Von H. Bouwmeester, 128 S.,
90 Diagramme, kart. **DM 14,80** /S 119.–

Schach als Kampf
Meine Spiele und mein Weg. (0729) Von
G. Kasparow, 144 S., 95 Diagramme,
9 s/w-Fotos, kart. **DM 14,80** /S 119.–

Spiele, Denksport, Unterhaltung

Kartenspiele
(2001) Von C. D. Grupp, 144 S., kart.
DM 9,80 /S 79.–

**Neues Buch der
siebzehn und vier Kartenspiele**
(0095) Von K. Lichtwitz, 96 S., kart.
DM 6,80 /S 59.–

Alles über Pokern
Regeln und Tricks. (2024) Von C. D.
Grupp, 120 S., 29 Kartenbilder, kart.
DM 8,80 /S 74.–

Rommé und Canasta
in allen Variationen. (2025) Von C. D.
Grupp, 124 S., 24 Zeichnungen, kart.,
DM 9,80 /S 79.–

**Schafkopf, Doppelkopf, Binokel,
Cego, Gaigel, Jaß, Tarock und andere
„Lokalspiele".**
(2015) Von C. D. Grupp, 152 S., kart.
DM 12,80 /S 99.–

Spielend Skat lernen
unter freundlicher Mitarbeit des deutschen
Skatverbandes. (2005) Von Th. Krüger,
156 S., 181 s/w-Fotos, 22 Zeichnungen,
kart. **DM 9,80** /S 79,–

Das Skatspiel
Eine·Fibel für Anfänger. (0206) Von
K. Lehnhoff, überarb. von P.A. Höfges,
96 S., kart. **DM 6,80** /S 59.–

Black Jack
Regeln und Strategien des Kasinospiels.
(2032) Von K. Kelbratowski, 88 S., kart.
DM 9,80 /S 79,–

Falken-Handbuch Patiencen
Die 111 interessantesten Auslagen. (4151)
Von U. v. Lyncker, 216 S., 108 Abbil-
dungen, Pappband. **DM 29,80** /S 239.–

Patiencen
in Wort und Bild. (2003) Von I. Wolter,
136 S., kart. **DM 7,80** /S 69.–

Falken-Handbuch Bridge
Von den Grundregeln zum Turnierspiel.
(4092) Von W. Voigt und K. Ritz, 276 S.,
792 Zeichnungen, gebunden.
DM 39,- /S 319.–

Spielend Bridge lernen
(2012) Von J. Weiss, 108 S., 58 Zeichnungen, kart. **DM 7,80** /S 69.–

Spieltechnik im Bridge
(2004) Von V. Mollo und N. Gardener,
deutsche Adaption von D. Schröder,
216 S., kart. **DM 16,80** /S 139.–

Besser Bridge spielen
Reiztechnik, Spielverlauf und Gegenspiel.
(2026) Von J. Weiss, 144 S., 60 Diagramme, kart. **DM 14,80** /S 119.–

Herausforderung im Bridge
200 Aufgaben mit Lösungen. (2033) Von
V. Mollo, 152 S., kart. **DM 19,80** /S 159,–

Kartentricks
(2010) Von T. A. Rosee, 80 S., 13 Zeichnungen, kart. **DM 6,80** /S 59.–

Mah-Jongg
Das chinesische Glücks-, Kombinations-
und Gesellschaftsspiel. (2030) Von
U. Eschenbach, 80 S., 30 s/w-Fotos,
5 Zeichnungen, kart. **DM 9,80** /S 79.–

Neue Kartentricks
(2027) Von K. Pankow, 104 S., 20 Abb.,
kart. **DM 7,80** /S 69,–

Backgammon
für Anfänger und Könner. (2008) Von
G. W. Fink und G. Fuchs, 116 S., 41 Abb.,
kart. **DM 9,80** /S 79.–

Würfelspiele
für jung und alt. (2007) Von F. Pruss,
112 S., 21 s/w-Zeichnungen, kart.
DM 7,80 /S 69.–

Gesellschaftsspiele
für drinnen und draußen. (2006) Von
H. Görz, 128 S., kart. **DM 6,80** /S 59.–

Spiele für Party und Familie
(2014) Von Rudi Carrell, 160 S., 50 Abb.,
kart. **DM 9,80** /S 79.–

Dame
Das Brettspiel in allen Variationen.
(2028) Von C. D. Grupp, 104 S.,
122 Diagramme, kart. **DM 9,80** /S 79.–

Das japanische Brettspiel Go
(2020) Von W. Dörholt, 104 S., 182 Diagramme, kart. **DM 9,80** /S 79.–

Roulette richtig gespielt
Systemspiele, die Vermögen brachten.
(0121) Von M. Jung, 96 S., zahlreiche
Tabellen, kart. **DM 7,80** /S 69.–

**So gewinnt man gegen
Video- und Computerspiele**
(0644) Von C. Kerler, 160 S., 25 Zeichnungen, 30 s/w-Fotos, kart.
DM 6,80 /S 59.–

Denksport und Schnickschnack
für Tüftler und fixe Köpfe. (0362) Von
J. Barto, 100 S., 45 Abb., kart.
DM 6,80 /S 59.–

Rätselspiele, Quiz- und Scherzfragen
für gesellige Stunden. (0577) Von K.-H.
Schneider, 168 S., über 100 Zeichnungen,
Pappband. **DM 16,80** /S 139.–

Knobeleien und Denksport
(2019) Von K. Rechberger, 142 S.,
105 Zeichnungen, kart. **DM 7,80** /S 69.–

Quiz
Mehr als 1500 ernste und heitere Fragen
aus allen Gebieten. (0129) Von R. Sautter
und W. Pröve, 92 S., 9 Zeichnungen,
kart. **DM 7,80** /S 69.–

500 Rätsel selberraten
(0681) Von E. Krüger, 272 S., kart.
DM 9,95 /S 79.–

Das Super-Kreuzwort-Rätsel-Lexikon
Über 150.000 Begriffe. (4126) Von
H. Schiefelbein, 684 S., Pappband.
DM 19,80 /S 159.–

365 Schwedenrätsel
(4173) Von Günther Borutta, 336 S.,kart.
DM 16,80 /S 139,–

501 Rätsel selberraten
(0711) Von E. Krüger, 272 S., kart.
DM 9,95 /S 79,–

Riesen-Kreuzwort-Rätsel-Lexikon
über 250.000 Begriffe. (4197) Von
H. Schiefelbein, 1024 S., Pappband.
DM 29,80 /S 239.–

Das große farbige Kinderlexikon
(4195) Von U. Kopp, 320 S., 493 Farbabb.,
17 s/w-Fotos, Pappband.
DM 29,80 /S 239,–

**Das große farbige
Bastelbuch für Kinder**
(4254) Von U. Barff, I. Burkhardt,
J. Maier, 224 S., 157 Farbfotos,
430 Farb- und 69 s/w-Zeichnungen,
Pappband. **DM 29,80** /S 239.–

Punkt, Punkt, Komma, Strich
Zeichenstunden für Kinder. (0564) Von
H. Witzig, 144 S., über 250 Zeichnungen,
kart. **DM 6,80** /S 59.–

Einmal grad und einmal krumm
Zeichenstunden für Kinder. (0599) Von
H. Witzig, 144 S., 363 Abb., kart.
DM 6,80 /S 59.–

Kinderspiele
die Spaß machen. (2009) Von H. Müller-
Stein, 112 S., 28 Abb., kart.
DM 6,80 /S 59.–

Spiele für Kleinkinder
(2011) Von D. Kellermann, 80 S.,
23 Abb., kart. **DM 5,80** /S 49.–

Kasperletheater
Spieltexte und Spielanleitungen · Bastel-
tips für Theater und Puppen. (0641) Von
U. Lietz, 136 S., 4 Farbtafeln,
12 s/w-Fotos, 39 Zeichnungen, kart.
DM 9,80 /S 79.–

Kindergeburtstag
Vorbereitung, Spiel und Spaß. (0287)
Von Dr. I. Obrig, 104 S., 40 Abb.,
11 Zeichnungen, 9 Lieder mit Noten, kart.
DM 5,80 /S 49.–

Kindergeburtstage die keiner vergißt
Planung, Gestaltung, Spielvorschläge.
(0698) Von G. und G. Zimmermann, 102 S.,
80 Vignetten, kart. **DM 9,80** / S 79,–

Kinderfeste
daheim und in Gruppen. (4033) Von
G. Blechner, 240 S., 320 Abb., kart.
DM 19,80 /S 159.–

Scherzfragen, Drudel und Blödeleien
gesammelt von Kindern. (0506) Hrsg.
von W. Pröve, 112 S., 57 Zeichnungen,
kart. **DM 5,80** /S 49.–

Kein schöner Land. . .
**Das große Buch unserer beliebtesten
Volkslieder.** (4150) 208 S., 108 Farb-
zeichnungen, Pappband. **19,80** /S 159.–

Komm mit ins Land der Lieder
Das große Buch der Kinder-, Volks- und
Chorlieder. (4261) Hrsg. von H. Rauhe,
176 S., 146 Farbzeichnungen, Pappband.
DM 25,– /S 200.–

**Die schönsten Wander- und Fahrten-
lieder**
(0462) Hrsg. von F. R. Miller, empfohlen
vom Deutschen Sängerbund, 80 S., mit
Noten und Zeichnungen, kart.
DM 5,80 /S 49.–

Die schönsten Volkslieder
(0432) Hrsg. von D. Walther, 128 S.,
mit Noten und Zeichnungen, kart.
DM 6,80 / S 55.–

Neue Spiele für Ihre Party
(2022) Von G. Blechner, 120 S., 54 Zeichnungen, kart. **DM 9,80** /S 79.–

Lustige Tanzspiele und Scherztänze
für Parties und Feste. (0165) Von
E. Bäulke, 80 S., 53 Abb., kart.
DM 6,80 /S 59.–

Straßenfeste, Flohmärkte und Basare
Praktische Tips für Organisation und
Durchführung. (0592) Von H. Schuster,
96 S., 52 Fotos, 17 Zeichnungen, kart.
DM 12,80 /S 99.–

Humor

Großes Wilhelm Busch Album
mit 1.700 farbigen Bildern. (4249) Von
W. Busch, 400 S., 1700 Farbzeichnungen,
Pappband. **DM 16,80** /S 139.–

Es ist ein Brauch von alters her. . .
Lebensweisheiten
(2214) Von W. Busch, 80 S., 38 Zeichnungen, Pappband. **DM 6,80** /S 59,–

Heitere Vorträge und witzige Reden
Lachen, Witz und gute Laune. (0149) Von
E. Müller, 104 S., 44 Abb., kart.
DM 9,80 /S 79,–

Tolle Sketche
mit zündenden Pointen – zum Nachspielen. (0656) Von E. Cohrs, 112 S.,
kart. **DM 9,80** /S 79.–

Vergnügliche Sketche
(0476) Von H. Pillau, 96 S., mit
7 lustigen Zeichnungen, kart.
DM 6,80 /S 59.–

Heitere Vorträge
(0528) Von E. Müller, 128 S., 14 Zeichnungen, kart. **DM 9,80** /S 79.–

Die große Lachparade
Neue Texte für heitere Vorträge und
Ansagen. (0188) Von E. Müller, 108 S.,
kart. **DM 6,80** /S 59.–

So feiert man Feste fröhlicher
Heitere Vorträge und Gedichte.
(0098) Von Dr. Allos, 96 S., 15 Abb.,
kart. **DM 7,80** /S 69.–

Lustige Vorträge für fröhliche Feiern
(0284) Von Karl Lehnhoff, 96 S., kart.
DM 6,80 /S 59.–

Vergnügliches Vortragsbuch
(0091) Von J. Plaut, 192 S., kart.
DM 8,80 /S 74.–

**Tolle Sachen zum Schmunzeln und
Lachen**
Lustige Ansagen und Vorträge. (0163)
Von E. Müller, 92 S., kart.
DM 6,80 /S 59.–

Locker vom Hocker
Witzige Sketche zum Nachspielen.
(4262) Von W. Giller, 144 S., 41 Zeichnungen, Pappband. **DM 19,80** /S 159.–

Fidele Sketche und heitere Vorträge
Humor zum Nachspielen. (0157) Von
H. Ehnle. 96 S., kart. **DM 6,80** /S 59.–

Sketche und spielbare Witze
für bunte Abende und heitere Feste.
(0445) Von H. Friedrich, 120 S., 7 Zeichnungen, kart. **DM 6,80** /S 59.–

Sketche
Kurzspiele zu amüsanter Unterhaltung.
(0247) Von M. Gering, 132 S., 16 Abb.,
kart., **DM 6,80** /S 59.–

Dalli-Dalli-Sketche
aus dem heiteren Ratespiel von und mit
Hans Rosenthal. (0527) Von H. Pillau,
144 S., 18 Zeichnungen, kart.
DM 9,80 /S 79.–

Witzige Sketche zum Nachspielen
(0511) Von D. Hallervorden, 160 S., kart.
DM 14,80 /S 119.–

Gereimte Vorträge
für Bühne und Bütt. (0567) Von G. Wagner,
96 S., kart. **DM 7,80** /S 69.–

Damen in der Bütt
Scherze, Büttenreden, Sketche.
(0354) Von T. Müller, 136 S., kart.
DM 8,80 /S 74.–

Narren in der Bütt
Leckerbissen aus dem rheinischen
Karneval. (0216) Zusammengestellt von
T. Lücker, 112 S., kart.
DM 8,80 /S 74.–

Rings um den Karneval
Karnevalsscherze und Büttenreden.
(0130) Von Dr. Allos, 136 S., kart.
DM 9,80 /S 79.–

Helau und Alaaf 1
Närrisches aus der Bütt.
(0304) Von E. Müller, 112 S., kart.
DM 6,80 /S 59.–

Helau und Alaaf 2
Neue Büttenreden.
(0477) Von E. Luft, 104 S., kart.
DM 7,80 /S 69.–

Helau und Alaaf 3
Neue Reden für die Bütt. (0832) Von
H. Fauser, 144 S., 13 Zeichnungen, kart.
DM 9,80 /S 79.–

Humor und Stimmung
Ein heiteres Vortragsbuch. (0460) Von
G. Wagner, 112 S., kart. **DM 6,80** /S 59.–

Humor und gute Laune
Ein heiteres Vortragsbuch.
(0635) Von G. Wagner, 112 S., 5 Zeichnungen, kart. **DM 8,80** /S 74.–

Das große Buch der Witze
(0384) Von E. Holz, 320 S., 36 Zeichnungen, Pappband. **DM 16,80** /S 139.–

Da lacht das Publikum
Neue lustige Vorträge für viele Gelegenheiten. (0716) Von H. Schmalenbach,
104 S., kart. **DM 9,80** /S 79,–

Witzig, witzig
(0507) Von E. Müller, 128 S., 16 Zeichnungen, kart. **DM 6,80** /S 59.–

**Die besten Witze und Cartoons des
Jahres 1**
(0454) Hrsg. von K. Hartmann, 288 S.,
125 Zeichnungen, geb. **DM 16,80** /S 139.–

Die besten Witze und Cartoons des Jahres 2
(0488) Hrsg. von K. Hartmann, 288 S., 148 Zeichnungen, geb. **DM 16,80**/S 139.–

Die besten Witze und Cartoons des Jahres 3
(0524) Hrsg. von K. Hartmann, 288 S., 105 Zeichnungen, Pappband.
DM 16,80/S 139.–

Die besten Witze und Cartoons des Jahres 4
(0579) Hrsg. von K. Hartmann, 288 S., 140 Zeichnungen, Pappband.
DM 16,80/S 139.–

Die besten Witze und Cartoons des Jahres 5
(0642) Hrsg. von K. Hartmann, 288 S., 88 Zeichnungen, Pappband.
DM 16,80/S 139.–

Das Superbuch der Witze
(4146) Von B. Bornheim, 504 S., 54 Zeichnungen, Pappband.
DM 16,80/S 139.–

Witze
Lachen am laufenden Band (4241) Von J. Burkert, D. Kroppach, 400 S., 41 Zeichnungen, Pappband.
DM 15,–/S 120,–

Die besten Beamtenwitze
(0574) Hrsg. von W. Pröve, 112 S., 59 Cartoons, kart. **DM 5,80**/S 49.–

Die besten Kalauer
(0705) Von K. Frank, 112 S., 12 Zeichnungen, kart., **DM 5,80**/S 49.–

Robert Lembkes Witzauslese
(0325) Von Robert Lembke, 160 S., mit 10 Zeichnungen von E. Köhler, Pappband.
DM 14,80/S 119.–

Fred Metzlers Witze mit Pfiff
(0368) Von F. Metzler, 120 S., kart.
DM 6,80/S 59.–

0 frivol ist mir am Abend
Pikante Witze von Fred Metzler. (0388) Von F. Metzler, 128 S., mit Karikaturen, kart. **DM 5,80**/S 49.–

Herrenwitze
(0589) Von G. Wilhelm, 112 S., 31 Zeichnungen, kart. **DM 5,80**/S 49.–

Witze am laufenden Band
(0461) Von F. Asmussen, 118 S., kart.
DM 6,80/S 59.–

Gruselwitze
Horror zum Totlachen
(0536) Von F. Lautenschläger, 96 S., 44 Zeichnungen, kart. **DM 5,80**/S 49.–

Die besten Ostfriesenwitze
(0495) Hrsg. von O. Freese, 112 S., 17 Zeichnungen, kart. **DM 5,80**/S 49.–

Die Kleidermotte ernährt sich von nichts, sie frißt nur Löcher
Stilblüten, Sprüche und Widersprüche aus Schule, Zeitung, Rundfunk und Fernsehen. (0738) Von P. Haas, D. Kroppach, 112 S., zahlr. Abb., kart. **DM 6,80**/S 59.–

Olympische Witze
Sportlerwitze in Wort und Bild.
(0505) Von W. Willnat, 112 S., 126 Zeichnungen, kart. **DM 5,80**/S 49.–

Ich lach mich kaputt! Die besten Kinderwitze
(0545) Von E. Hannemann, 128 S., 15 Zeichnungen, kart. **DM 5,80**/S 49.–

Lach mit!
Witze für Kinder, gesammelt von Kindern. (0468) Hrsg. von W. Pröve, 128 S., 17 Zeichnungen, kart. **DM 6,80**/S 59.–

Die besten Kinderwitze
(0757) Von K. Rank, 120 S., 28 Zeichnungen, kart. **DM 6,80**/S 59,–

Lustige Sketche für Jungen und Mädchen
Kurze Theaterstücke für Jungen und Mädchen. (0669) Von U. Lietz und U. Lange, 104 S., kart. **DM 7,80**/S 69.–

Spielbare Witze für Kinder
(0824) Von H. Schmalenbach, 128 S., 30 Zeichnungen, kart. **DM 9,80**/S 79.–

Natur

Faszination Berg
zwischen Alpen und Himalaya.
(4214) Von T. Hiebeler, 96 S., 100 Farbfotos, Pappband. **DM 24,80**/S 198.–

Hilfe für den Wald
Ursachen, Schadbilder, Hilfsprogramme. Was jeder wissen muß, um unser wichtigstes Öko-System zu retten. (4164) Von K. F. Wentzel, R. Zundel, 128 S., 178 Farb- und 6 s/w-Fotos, 60 Zeichnungen, kart.
DM 19,80/S 159.–

Gefährdete und geschützte Pflanzen
erkennen und benennen. (0596) Von W. Schnedler und K. Wolfstetter. 160 S., 140 Farbfotos, 4 Zeichnungen, kart.
DM 19,80/S 159,–

Beeren und Waldfrüchte
erkennen und benennen, eßbar oder giftig? (0401) Von J. Raithelhuber, 120 S., 90 Farbfotos, 40 Zeichnungen, kart. **DM 16,80**/S 139.–

Pilze
erkennen und benennen. (0380) Von J. Raithelhuber, 136 S., 110 Farbfotos, kart. **DM 14,80**/S 119.–

Falken-Handbuch Pilze
Mit über 250 Farbfotos und Rezepten. (4061) Von M. Knoop, 248 S., 250 Farbfotos, Pappband. **DM 39,–**/S 319.–

Das Gartenjahr
Arbeitsplan für den Hobbygärtner.
(4075) Von G. Bambach, 152 S., 16 Farbtafeln, 141 Abb., kart. **DM 14,80**/S 119.–

Gartenteiche und Wasserspiele
planen, anlegen und pflegen. (4083) Von H. R. Sikora, 160 S., 31 Farb- und 31 s/w-Fotos, 73 Zeichnungen, Pappband.
DM 29,80/S 239.–

Wasser im Garten
Von der Vogeltränke zum Naturteich – Natürliche Lebensräume selbst gestalten. (4230) Von H. Hendel, 240 S., 247 Farbfotos, 68 Farbzeichnungen, Pappband.
DM 59,–/S 479,–

Gärtnern
(5004) Von I. Manz, 64 S., 38 Farbfotos, Pappband. **DM 14,80**/S 119.–

Gärtner Gustavs Gartenkalender
Arbeitspläne · Pflanzenporträts · Gartenlexikon. (4155) Von G. Schoser, 120 S., 146 Farbfotos, 13 Tabellen, 203 farbige Zeichnungen, Pappband.
DM 24,80/S 198.–

Ziersträucher und -bäume im Garten
(5071) Von I. Manz, 64 S., 91 Farbfotos, Pappband. **DM 14,80**/S 119.–

Das Blumenjahr
Arbeitsplan für drinnen und draußen. (4142) Von G. Vocke, 136 S., 15 Farbtafeln, kart. **DM 14,80**/S 119.–

Der richtige Schnitt von Obst- und Ziergehölzen, Rosen und Hecken
(0619) Von E. Zettl, 88 S., 8 Farbtafeln, 39 Zeichnungen, 21 s/w-Fotos, kart.
DM 7,80/S 69.–

Blumenpracht im Garten
(5014) Von I. Manz, 64 S., 93 Farbfotos, Pappband. **DM 14,80**/S 119.–

Vom betörenden Zauber der Rosen
(2206) Von H. Steinhauer, 80 S., 89 Farbfotos und Zeichnungen, Pappband. **DM 9,80**/S 85,–

Blütenpracht in Haus und Garten
(4145) Von M. Haberer, u. a., 352 S., 1012 Farbfotos, Pappband.
DM 39,–/S 319,–

Das bunte Blütenparadies der Blumen
(2219) Von B. Zeidelhack, 80 S., 72 Farbabb., Pappband. **DM 9,80**/S 85,–

Sag's mit Blumen
Pflege und Arrangieren von Schnittblumen (5103) Von P. Möhring, 64 S., 68 Farbfotos 2 s/w-Abb., Pappband. **DM 14,80**/S 119.–

Grabgestaltung
Bepflanzung und Pflege zu jeder Jahreszeit. (5120) Von N. Uhl, 64 S., 77 Farbfotos, 2 Zeichnungen, Pappband. **DM 16,80**/S 139.–

Leben im Naturgarten
Der Biogärtner und seine gesunde Umwelt. (4124) Von N. Jorek, 128 S., 68 s/w-Fotos, kart. **DM 14,80**/S 119.–

So wird mein Garten zum Biogarten
Alles über die Umstellung auf naturgemäßen Anbau. (0706) Von I. Gabriel, 128 S., durchgehend 4farbig, 73 Farbfotos, 54 Farbzeichnungen, kart.
DM 14,80/S 119,–

Gesunde Pflanzen im Biogarten
Biologische Maßnahmen bei Schädlingsbefall und Pflanzenkrankheiten. (0707) Von I. Gabriel, 128 S., durchgehend 4farbig, 126 Farbfotos, 12 Farbzeichnungen, kart. **DM 14,80**/S 119,–

Der Biogarten unter Glas und Folie
Ganzjährig erfolgreich ernten. (0722) Von I. Gabriel, 128 S., durchgehend 4farbig, 62 Farbfotos, 45 Farbzeichnungen, kart. **DM 14,80**/S 119,–

Obst und Beeren im Biogarten
Gesunde und schmackhafte Früchte durch natürlichen Anbau. (0780) Von I. Gabriel, 128 S., 83 Farbfotos, 71 Farbzeichnungen, kart. **DM 14,80**/S 119.–

Neuanlage eines Biogartens
Planung, Bodenvorbereitung, Gestaltung. (0721) Von I. Gabriel, 128 S., durchgehend 4farbig, 73 Farbfotos, 39 Zeichnungen, kart. **DM 14,80**/S 119,–

Der biologische Zier- und Wohngarten
Planen, Vorbereiten, Bepflanzen und Pflegen. (0748) Von I. Gabriel, 128 S., 72 Farbfotos, 46 Farbzeichnungen, kart.
DM 14,80/S 119,–

Das Bio-Gartenjahr
Arbeitsplan für naturgemäßes Gärtnern. (4169) Von N. Jorek, 128 S., 8 Farbtafeln, 70 s/w-Abb. kart.
DM 14,80/S 119,–

Selbstversorgung aus dem eigenen Anbau
Reichen Erntesegen verwerten und haltbar machen. (4182) Von M. Bustorf-Hirsch, M. Hirsch, 216 S., 270 Zeichnungen, Pappband. **DM 29,80**/S 239,–

Mischkultur im Nutzgarten
Mit Jahreskalender und Anbauplänen. (0651) Von H. Oppel, 112 S., 8 Farbtafeln, 23 s/w-Fotos, 29 Zeichnungen, kart. **DM 9,80**/S 79,–

Erfolgstips für den Gemüsegarten
Mit naturgemäßem Anbau zu höherem Ertrag. (0674) Von F. Mühl, 80 S., 30 s/w-Fotos, 4 Zeichnungen, kart. **DM 7,80**/ S 69.–

Erfolgstips für den Obstgarten
Gesunde Früchte durch richtige Sortenwahl und Pflege. (0827) Von F. Mühl, 184 S., 16 Farbtafeln, 33 Zeichnungen, kart. **DM 14,80**/S 119.–

Der erfolgreiche Obstgarten
Pflanzung · Veredelung und Schnitt. (5100) Von J. Zech, 64 S., 54 Farbfotos, Pappband. **DM 14,80**/S 119.–

Gemüse, Kräuter, Obst aus dem Balkongarten
– Erfolgreich ernten auf kleinstem Raum. (0694) Von S. Stein, 32 S., 34 Farbfotos, 6 Zeichnungen, Spiralbindung, kart. **DM 7,80**/ S 69.–

Keime, Sprossen, Küchenkräuter
am Fenster ziehen – rund ums Jahr. (0658) Von F. und H. Jantzen, 32 S., 55 Farbfotos, Pappband. **DM 6,80**/ S 59.–

Balkons in Blütenpracht
zu allen Jahreszeiten. (5047) Von N. Uhl, 64 S., 80 Farbfotos, Pappband. **DM 14,80**/S 119.–

Kübelpflanzen
für Balkon, Terrasse und Dachgarten. (5132) Von M. Haberer, 64 S., 70 Farbfotos, Pappband. **DM 14,80**/ S 119.–

Kletterpflanzen
Rankende Begrünung für Fassade, Balkon und Garten. (5140) Von M. Haberer, 64 S., 70 Farbabb., 2 Zeichnungen, Pappband. **DM 14,80**/S 119.–

Mein Kräutergarten rund ums Jahr
Täglich schnittfrisch und gesund würzen. (4192) Von Prof. Dr. G. Lysek, 136 S., 15 Farbtafeln, 91 Zeichnungen, kart. **DM 16,80**/S 139,–

Blühende Zimmerpflanzen
94 Arten mit Pflegeanleitungen. (5010) Von R. Blaich, 64 S., 107 Farbfotos, Pappband. **DM 14,80**/S 119.–

Falken-Handbuch **Zimmerpflanzen**
1600 Pflanzenporträts. (4082) Von R. Blaich, 432 S., 480 Farbfotos, 84 Zeichnungen, 1600 Pflanzenbeschreibungen, Pappband. **DM 39,–**/S 319.–

Blütenpracht in Grolit 2000
Der neue, mühelose Weg zu farbenprächtigen Zimmerpflanzen. (5127) Von G. Vocke, 64 S., 50 Farbfotos, Pappband. **DM 14,80**/S 119.–

Ziergräser
Über 100 Arten erfolgreich kultivieren. (0829) Von H. Jantra, 104 S., 73 Farbfotos, 6 Farbzeichnungen, kart. **DM 16,80**/S 139.–

Bonsai
Japanische Miniaturbäume und Miniaturlandschaften. Anzucht, Gestaltung und Pflege. (4091) Von B. Lesniewicz, 160 S., 106 Farbfotos, 46 s/w-Fotos, 115 Zeichnungen, gebunden. **DM 68,–**/S 549.–

Zimmerbäume, Palmen und andere Blattpflanzen
Standort, Pflege, Vermehrung, Schädlinge. (5111) Von G. Schoser, 96 S., 98 Farbfotos, 7 Zeichnungen, Pappband. **DM 19,80**/S 159.–

Biologisch zimmergärtnern
Zier- und Nutzpflanzen natürlich pflegen. (4144) Von N. Jorek, 152 S., 15 Farbtafeln, 120 s/w-Fotos, Pappband. **DM 19,80**/S 159.–

Hydrokultur
Pflanzen ohne Erde – mühelos gepflegt. (4080) Von H.-A. Rotter, 120 S., 82 Abb., Pappband. **DM 19,80**/S 159.–

Zimmerpflanzen in Hydrokultur
Leitfaden für problemlose Blumenpflege. (0660) Von H.-A. Rotter, 32 S., 76 Farbfotos, 8 farbige Zeichnungen, Pappband, **DM 7,80**/S 69.–

Sukkulenten
Mittagsblumen, Lebende Steine, Wolfsmilchgewächse u. a. (5070) Von W. Hoffmann, 64 S., 82 Farbfotos, Pappband. **DM 14,80**/S 119.–

Kakteen und andere Sukkulenten
300 Arten mit über 500 Farbfotos. (4116) Von G. Andersohn, 316 S., 520 Farbfotos, 193 Zeichnungen, Pappband. **DM 49,–**/S 398.–

Fibel für Kakteenfreunde
(0199) Von H. Herold, 102 S., 23 Farbfotos, 37 s/w-Abb., kart. **DM 7,80**/S 69.–

Kakteen
Herkunft, Anzucht, Pflege, Arten. (5021) Von W. Hoffmann, 64 S., 70 Farbfotos, Pappband. **DM 14,80**/S 119.–

Faszinierende Formen und Farben
Kakteen
(4211) Von K. und F. Schild, 96 S., 127 Farbfotos, Pappband. **DM 24,80**/S 198.–

Orchideen
(4215) Von G. Schoser, 96 S., 143 Farbfotos, Pappband. **DM 24,80**/S 198,–

Falken-Handbuch **Orchideen**
Lebensraum, Kultur, Anzucht und Pflege. (4231) Von G. Schoser, 144 S., 121 Farbfotos, 28 Farbzeichnungen, Pappband. **DM 29,80**/S 239,–

Falken-Handbuch **Katzen**
(4158) Von B. Gerber, 176 S., 294 Farb- und 88 s/w-Fotos, Pappband. **DM 39,–**/S 319,–

Katzen
Rassen · Haltung · Pflege. (4216) Von B. Eilert-Overbeck, 96 S., 82 Farbfotos, Pappband. **DM 24,80**/S 198.–

Das neue Katzenbuch
Rassen – Aufzucht · Pflege. (0427) Von B. Eilert-Overbeck, 136 S., 14 Farbfotos, 26 s/w-Fotos, kart. **DM 8,80**/S 74.–

Lieblinge auf Samtpfötchen **Katzen**
(2202) Von B. Eilert-Overbeck, 80 S., 53 Farbfotos, 5 s/w-Fotos, 1 Zeichnung, Pappband. **DM 9,80**/S 85.–

Katzenkrankheiten
Erkennung und Behandlung. Steuerung des Sexualverhaltens. (0652) Von Dr. med. vet. R. Spangenberg, 176 S., 64 s/w-Fotos, 4 Zeichnungen, kart. **DM 9,80**/S 79.–

Falken-Handbuch **Hunde**
(4118) Von H. Bielfeld, 176 S., 222 Farbfotos und Farbzeichnungen, 73 s/w-Abb., Pappband. **DM 39,–**/S 319.–

Hunde
Die treuen Freunde des Menschen (2207) Von R. Spangenberg, 80 S., 49 Farbfotos und Zeichnungen, Pappband. **DM 9,80**/S 85,–

Hunde
Rassen · Erziehung · Haltung. (4209) Von H. Bielfeld, 96 S., 101 Farbfotos, Pappband. **DM 24,80**/S 198.–

Das neue Hundebuch
Rassen · Aufzucht · Pflege. (0009) Von W. Busack, überarbeitet von Dr. med. vet. A. H. Hacker und H. Bielfeld, 112 S., 8 Farbtafeln, 27 s/w-Fotos, 6 Zeichnungen, kart. **DM 8,80**/S 74.–

Falken-Handbuch **Der Deutsche Schäferhund**
(4077) Von U. Förster, 228 S., 160 Abb., Pappband. **DM 29,80**/S 239.–

Der Deutsche Schäferhund
Aufzucht, Pflege und Ausbildung. (0073) Von A. Hacker, 104 S., 56 Abb., kart. **DM 7,80**/S 69.–

Dackel, Teckel, Dachshund
Aufzucht · Pflege · Ausbildung. (0508) Von M. Wein-Gysae, 112 S., 4 Farbtafeln, 43 s/w-Fotos, 2 Zeichnungen, kart. **DM 9,80**/ S 79.–

Hundeausbildung
Verhalten – Gehorsam – Abrichtung. (0346) Von Prof. Dr. R. Menzel, 96 S., 18 Fotos, kart. **DM 7,80**/S 69.–

Grundausbildung für Gebrauchshunde
Schäferhund, Boxer, Rottweiler, Dobermann, Riesenschnauzer, Airedaleterrier, Hovawart und Bouvier. (0801) Von M. Schmidt und W. Koch, 104 S., 8 Farbtafeln, 51 s/w-Fotos, 5 s/w-Zeichnungen, kart. **DM 9,80**/S 79.–

Hundekrankheiten
Erkennung und Behandlung, Steuerung des Sexualverhaltens. (0570) Von Dr. med. vet. R. Spangenberg, 128 S., 68 s/w-Fotos, 10 Zeichnungen, kart. **DM 9,80**/S 79.–

Falken-Handbuch **Pferde**
(4186) Von H. Werner, 176 S., 196 Farb- und 50 s/w-Fotos, 100 Zeichnungen, Pappband. **DM 48,–**/S 389,–

Ponys
Rassen, Haltung, Reiten. (4205) Von S. Braun, 96 S., 84 Farbfotos, Pappband. **DM 24,80**/S 198.–

Schmetterlinge
Tagfalter Miteleuropas erkennen und benennen. (0510) Von T. Ruckstuhl, 156 S., 136 Farbfotos, kart. **DM 16,80**/S 139.–

Wellensittiche
Arten · Haltung · Pflege · Sprechunterricht · Zucht. (5136) Von H. Bielfeld, 64 S., 59 Farbfotos, Pappband. **DM 14,80**/S 119.–

Papageien und Sittiche
Arten · Pflege · Sprechunterricht. (0591) Von H. Bielfeld, 112 S., 8 Farbtafeln, kart. **DM 9,80**/S 79.–

Geflügelhaltung als Hobby
(0749) Von M. Baumeister, H. Meyer, 184 S., 8 Farbtafeln, 47 s/w-Fotos, 15 Zeichnungen, kart. **DM 16,80**/S 139,–

Falken-Handbuch **Das Terrarium**
(4069) Von B. Kahl, P. Gaupp, Dr. G. Schmidt, 384 S., 215 Farbfotos, geb. **DM 58,–**/S 460.–

DIE TIERSPRECHSTUNDE
Alles über Igel in Natur und Garten
(0810) Von Dr. med. vet. E. M. Bartenschlager, 68 S., 51 Farbfotos, kart. **DM 9,80**/S 79.–

DIE TIERSPRECHSTUNDE
Alles über Meerschweinchen
(0809) Von Dr. med. vet. E. M. Bartenschlager, 72 S., 43 Farbfotos, 11 Farbzeichnungen, kart. **DM 9,80**/S 79.–

Das Süßwasser-Aquarium
Einrichtung · Pflege · Fische · Pflanzen. (0153) Von H. J. Mayland, 152 S., 16 Farbtafeln, 43 s/w-Zeichnungen, kart. **DM 12,80**/S 99,–

FALKEN VERLAG

Falken-Handbuch
Süßwasser-Aquarium
(4191) Von H. J. Mayland, 288 S.,
564 Farbfotos, 75 Zeichnungen,
Pappband. **DM 49,–**/S 398,–

Cichliden
Pflege, Herkunft und Nachzucht der
wichtigsten Buntbarscharten. (5144) Von
Jo in't Veen, 96 S., 163 Farbfotos,
Pappband. **DM 19,80**/S 159,–

Gesundheit

Die Frau als Hausärztin
Der unentgeltliche Ratgeber für die
Gesundheit. (4072) Von Dr. med.
A. Fischer-Dückelmann, 808 S., 14 Farb-
tafeln, 146 s/w-Fotos, 203 Zeichnungen,
Pappband. **DM 29,80**/S 239,–

**Heiltees und Kräuter für die
Gesundheit**
(4123) Von G. Leibold, 136 S., 15 Farbtafeln, 16 Zeichnungen, kart.
DM 14,80/S 119.–

Falken-Handbuch
Heilkräuter
Modernes Lexikon der Pflanzen und
Anwendungen (4076) Von G. Leibold,
392 S., 183 Farbfotos, 22 Zeichnungen,
geb. **DM 39,**–/S 319.–

Die farbige Kräuterfibel
Heil- und Gewürzpflanzen. (0245) Von
I. Gabriel, 196 S., 49 farbige und
97 s/w-Abb., kart. **DM 14,80**/ S 119.–

Arzneikräuter und Wildgemüse
erkennen und benennen. (0459) Von
J. Raithelhuber, 144 S., 108 Farbfotos,
31 Zeichnungen, kart. **DM 16,80**/S 139.–

Falken-Handbuch
Bio-Medizin
Alles über die moderne Naturheilpraxis.
(4136) Von G. Leibold, 552 S., 38 Farb-
fotos, 232 s/w-Abb., Pappband.
DM 39,–/ S 319.–

Enzyme
(0677) Von G. Leibold, 96 S., kart.
DM 9,80/S 79.–

Heilfasten
(0713) Von G. Leibold, 108 S., kart.
DM 9,80/S 79.–

**So lebt man länger nach Dr. Le
Comptes Erfolgsmethode!**
Vital und gesund bis ins hohe Alter.
(4129) Von Dr. H. Le Compte,
P. Pervenche, 224 S., gebunden.
DM 24,80/S 198.–

**Gesundheit und Spannkraft durch
Yoga**
(0321) Von L. Frank und U. Ebbers,
112 S., 50 s/w-Fotos, kart.
DM 7,80/S 69.–

Yoga für jeden
(0341) Von K. Zebroff, 156 S., 135 Abb.,
Spiralbindung, **DM 20,**–/S 160.–

Yoga für Schwangere
Der Weg zur sanften Geburt. (0777) Von
V. Bolesta-Hahn, 108 S., 76 2-farbige
Abb. **DM 12,80**/S 99,–

**Yoga gegen Haltungsschäden und
Rückenschmerzen**
(0394) Von A. Raab, 104 S., 215 Abb.,
kart. **DM 6,80**/S 59.–

Hypnose und Autosuggestion
Methoden – Heilwirkungen – praktische
Beispiele. (0483) Von G. Leibold, 116 S.,
kart. **DM 7,80**/S 69.–

Autogenes Training
Anwendung · Heilwirkungen · Methoden.
(0541) Von R. Faller, 128 S., 3 Zeichnungen, kart. **DM 9,80**/S 79.–

**Die fernöstliche Fingerdrucktherapie
Shiatsu**
Anleitungen zur Selbsthilfe – Heilwirkungen. (0615) Von G. Leibold, 196 S.,
180 Abb., kart. **DM 16,80**/S 139.–

Eigenbehandlung durch Akupressur
Heilwirkungen – Energielehre – Meri-
diane. (0417) Von G. Leibold, 152 S.,
78 Abb., kart. **DM 9,80**/S 79.–

Chinesische Naturheilverfahren
Selbstbehandlung mit bewährten
Methoden der physikalischen Therapie.
Atemtherapie · Heilgymnastik · Selbst-
massage · Vorbeugen · Behandeln · Ent-
spannen. (4247) Von F. Tjoeng Lie,
160 S., 292 zweifarbige Zeichnungen,
Pappband. **DM 29,80**/S 239.–

Bauch, Taille und Hüfte gezielt formen
durch **Aktiv Yoga**
(0709) Von K. Zebroff, 112 S., 102 Farbfotos, Spiralbindung, kart. **DM 14,80**/S 119.–

10 Minuten täglich Tele-Gymnastik
(5102) Von B. Manz und K. Biermann,
128 S., 381 Abb., kart.
DM 14,80/ S 119.–

Gesund und fit durch Gymnastik
(0366) Von H. Pilss-Samek, 132 S.,
150 Abb., kart. **DM 9,80**/S 79.–

Stretching
Mit Dehnungsgymnastik zu Entspannung, Geschmeidigkeit und Wohlbefinden. (0717) Von H. Schulz, 80 S.,
90 s/w-Fotos, kart. **DM 7,80**/S 69.–

Gesund und leistungsfähig durch
**Konditionsübungen, Fitneßtraining,
Wirbelsäulengymnastik**
(0844) Von R. Milser, K. Grafe, 104 S.,
99 Farbfotos, 12 Farbzeichnungen, 5 s/w-
Zeichnungen, kart. **DM 16,80**/S 139.–

Schönheitspflege
Kosmetische Tips für jeden Tag. (0493)
Von H. Zander, 80 S., 25 Abb., kart.
DM 7,80/S 69.–

Natur-Apotheke
Gesundheit durch altbewährte Kräuter-
rezepte und Hausmittel.
(4156) Von G. Leibold, 236 S., 8 Farbtafeln, 100 Zeichnungen, kart.,
DM 19,80/S 159.–
(4157) Pappband, **29,80**/S 239.–

**Diät bei Krankheiten des Magens und
Zwölffingerdarms**
Rezeptteil von B. Zöllner. (3201) Von
Prof. Dr. med. H. Kaess, 96 S., 4 Farb-
tafeln, kart. **DM 10,80**/S 85.–

**Diät bei Herzkrankheiten und
Bluthochdruck**
Salzarme (natriumarme) Kost. Rezeptteil
von B. Zöllner. (3202) Von Prof. Dr. med.
H. Rottka, 92 S., 4 Farbtafeln, kart.
DM 10,80/S 85.–

**Diät bei Erkrankungen der Niere und
Harnwege, bei Nierensteinen und bei
Dialysebehandlung**
Rezeptteil von B. Zöllner. (3203) Von
Prof. Dr. med. H. J. Sarre und Prof. Dr.
med. R. Kluthe, 100 S., 4 Farbtafeln,
kart. **DM 10,80**/S 85.–

Richtige Ernährung im Alter
Rezeptteil von B. Zöllner. (3204) Von
Priv.-Doz. Dr. med. H.-J. Pusch und Dr.
med. W. Koch, 88 S., 4 Farbtafeln, kart.
DM 10,80/S 85.–

Diät bei Gicht und Harnsäuresteinen
Rezeptteil von B. Zöllner. (3205) Von
Prof. Dr. med. H. Zöllner, 80 S., 4 Farb-
tafeln, kart. **DM 10,80**/S 85.–

Diät bei Zuckerkrankheit
Rezeptteil von B. Zöllner. (3206) Von
Prof. Dr. med. P. Dieterle, 80 S., 4 Farb-
tafeln, kart. **DM 10,80**/S 85.–

**Diät bei Krankheiten der Gallenblase,
Leber und Bauchspeicheldrüse**
Rezeptteil von B. Zöllner. (3207) Von
Prof. Dr. med. H. Kasper, 88 S., 4 Farb-
tafeln, kart. **DM 10,80**/S 85.–

**Diät bei Störungen des Fettstoff-
wechsels und zur Vorbeugung der
Arteriosklerose**
Rezeptteil von B. Zöllner. (3208) Von
Prof. Dr. med. G. Wolfram und Dr. med.
O. Adam, 104 S., 4 Farbtafeln, kart.
DM 10,80/S 85.–

Diät bei Übergewicht
Rezeptteil von B. Zöllner. (3209) Von
Priv.-Doz. Dr. med. Ch. Keller, 96 S.,
4 Farbtafeln, kart. **DM 10,80**/S 85.–

Diät bei Darmkrankheiten
Durchfall – Divertikulose, Reizdarm und
Darmträgheit – einheimischer Sprue
(Zöliakie) – Disaccharidasemangel –
Dünndarmresektion – Dumping
Syndrom. Rezeptteil von B. Zöllner.
(3211) Von Prof. Dr. med. G. Strohmeyer,
88 S., 4 Farbtafeln, kart.
DM 10,80/S 85.–

**Ballaststofffreie Kost bei Funktions-
störungen des Darms**
Rezeptteil von B. Zöllner. (3212) Von
Prof. Dr. med. H. Kasper, 80 S., 4 Farbtafeln, kart. **DM 10,80**/S 85.–

Bildatlas des menschlichen Körpers
(4177) Von G. Pogliani, V. Vannini, 112 S.,
402 Farbabb., 28 s/w-Fotos, Pappband,
DM 29,80/S 239.–

Fußmassage
Reflexzonentherapie am Fuß (0714) Von
G. Leibold, 96 S., 38 Zeichnungen, kart.
DM 9,80/S 79.–

Rheuma und Gicht
Krankheitsbilder, Behandlung, Therapie-
verfahren, Selbstbehandlung, richtige
Lebensführung und Ernährung. (0712)
Von Dr. J. Höder, J. Bandick, 104 S., kart.
DM 9,80/S 79.–

Krampfadern
Ursachen, Vorbeugung, Selbstbehandlung, Therapieverfahren. (0727) Von
Dr. med. K. Steffens, 96 S., 38 Abb.,
kart. **DM 9,80**/S 79.–

Gallenleiden
Krankheitsbilder, Behandlung, Therapie-
verfahren, Selbstbehandlung, Richtige
Lebensführung und Ernährung. (0673)
Von Dr. med. K. Steffens, 104 S.,
34 Zeichnungen, kart. **DM 9,80**/S 79,–

Asthma
Pseudokrupp, Bronchitis und Lungen-
emphysem. (0778) Von Prof. Dr. med.
W. Schmidt, 120 S., 56 Zeichnungen,
kart. **DM 9,80**/S 79,–

Vitamine und Ballaststoffe
So ermittle ich meinen täglichen Bedarf
(0746) Von Prof. Dr. M. Wagner,
I. Bongartz, 96 S., 6 Farbabb., zahlreiche
Tabellen, kart. **DM 9,80**/S 79,–

Darmleiden
Krankheitsbilder, Behandlung, Selbst-
behandlung, Richtige Lebensführung und
Ernährung. (0798) Von Dr. med. K. Stef-
fens, 112 S., 46 Zeichnungen, kart.
DM 9,80/S 79,–

FALKEN VERLAG

Die Preise entsprechen dem Status beim Druck diese

Massage
(0750) Von B. Rumpler, K. Schutt, 112 S.,
116 2-farbige Zeichnungen, kart.
DM 12,80/S 99,–

Ratgeber Aids
Entstehung, Ansteckung, Krankheitsbilder,
Heilungschancen, Schutzmaßnahmen.
(0803) Von B. Baartman, Vorwort von
Dr. med. H. Jäger, 112 S., 8 Farbtafeln,
4 Grafiken, kart. **DM 16,80**/S 139,–

Wenn Kinder krank werden
Medizinischer Ratgeber für Eltern.
(4240) Von Dr. med. I. J. Chasnoff,
B. Nees-Delaval, 232 S., 163 Zeichnungen, Pappband. **DM 29,80**/S 239,–

Ratgeber
Lebenshilfe

Umgangsformen heute
Die Empfehlungen des Fachausschusses
für Umgangsformen. (4015) 282 S.,
160 s/w-Fotos, 25 Zeichnungen,
Pappband. **DM 29,80**/S 239,–

Der gute Ton
Ein moderner Knigge. (0063) Von
I. Wolter, 168 S., 38 Zeichnungen,
53 s/w-Fotos, kart. **DM 9,80**/S 79,–

Haushaltstips von A bis Z
(0759) Von A. Eder, 80 S., 30 Zeichnungen, kart. **DM 7,80**/S 69,–

Wir heiraten
Ratgeber zur Vorbereitung und Fest-
gestaltung der Verlobung und Hochzeit.
(4188) Von C. Poensgen, 216 S., 8 s/w-
Fotos, 30 s/w-Zeichnungen, 8 Farbtafeln,
Pappband. **DM 19,80**/S 159,–

**Kleines Dankeschön für die charmante
Gastgeberin**
(2218) Von S. Gräfin Schönfeldt, 80 S.,
46 Farbabb., Pappband. **DM 9,80**/S 85,–

**Familienforschung · Ahnentafel ·
Wappenkunde**
Wege zur eigenen Familienchronik.
(0744) Von P. Bahn, 128 S., 8 Farbtafeln,
30 Abbildungen, kart. **DM 14,80**/S 119,–

Die Kunst der freien Rede
Ein Intensivkurs mit vielen Übungen,
Beispielen und Lösungen. (4189) Von
G. Hirsch, 232 S., 11 Zeichnungen,
Pappband. **DM 29,80**/S 239,–

**Reden zur Taufe, Kommunion ·
und Konfirmation**
(0751) Von G. Georg, 96 S., kart.
DM 6,80/S 59,–

Der richtige Brief zu jedem Anlaß
Das moderne Handbuch mit 400 Muster-
briefen. (4179) Von H. Kirst, 376 S.,
Pappband. **DM 26,80**/S 218,–

**Von der Verlobung zur
Goldenen Hochzeit**
(0393) Von E. Ruge, 120 S., kart.
DM 6,80/S 59,–

Reden zur Hochzeit
Mustersprachen für Hochzeitstage.
(0654) Von G. Georg, 112 S., kart.
DM 6,80/S 59,–

**Glückwünsche, Toasts und Festreden
zur Hochzeit.**
(0264) Von I. Wolter, 128 S., 18 Zeichnungen, kart. **DM 7,80**/S 69,–

Hochzeits- und Bierzeitungen
Muster, Tips und Anregungen. (0288)
Von H.-J. Winkler, mit vielen Text- und
Gestaltungsanregungen, 116 S., 15 Abb.,
1 Musterzeitung, kart. **DM 6,80**/ S 59,–

**Kindergedichte zur Grünen, Silbernen
und Goldenen Hochzeit**
(0318) Von H.-J. Winkler, 104 S.,
20 Abb., kart. **DM 5,80**/S 49,–

Die Silberhochzeit
Vorbereitung · Einladung · Geschenkvor-
schläge · Dekoration · Festablauf · Menüs
· Reden · Glückwünsche. (0542) Von K. F.
Merkle, 120 S., 41 Zeichnungen, kart.
DM 9,80/S 79,–

Großes Buch der Glückwünsche
(0255) Hrsg. von O. Fuhrmann, 240 S.,
77 Zeichnungen und viele Gestaltungs-
vorschläge, kart. **DM 9,80**/S 79,–

Neue Glückwunschfibel
für Groß und Klein. (0156) Von
R. Christian-Hildebrandt, 96 S., kart.
DM 4,80/S 39,–

Glückwunschverse für Kinder
(0277) Von B. Ulrici, 80 S., kart.
DM 5,80/S 49,–

Die Redekunst
Rhetorik · Rednererfolg (0076) Von
K. Wolter, überarbeitet von Dr. W. Tappe,
80 S., kart. **DM 5,80**/S 49,–

Reden und Ansprachen
für jeden Anlaß. (4009) Hrsg. von F. Sicker,
454 S., gebunden. **DM 39,–**/S 319,–

Reden zum Jubiläum
Mustersprachen für viele Gelegen-
heiten (0595) Von G. Georg, 112 S., kart.
DM 6,80/S 59,–

Reden zum Ruhestand
Mustersprachen zum Abschluß des
Berufslebens (0790) Von G. Georg,
104 S., kart. **DM 7,80**/S 69,–

**Reden und Sprüche zu Grundstein-
legung, Richtfest und Einzug**
(0598) Von A. Bruder, G. Georg, 96 S.,
kart. **DM 6,80**/S 59,–

Reden zu Familienfesten
Mustersprachen für viele Gelegenheiten. (0675) Von G. Georg, 108 S.,
kart., **DM 6,80**/S 59,–

Reden zum Geburtstag
Mustersprachen für familiäre und offi-
zielle Anlässe. (0773) Von G. Georg,
104 S., kart. **DM 7,80**/S 69,–

Festreden und Vereinsreden
Ansprachen für festliche Gelegenheiten.
(0069) Von K. Lehnhoff, E. Ruge, 88 S.,
kart. **DM 5,80**/S 49,–

Reden im Verein
Mustersprachen für viele Gelegenheiten. (0703) Von G. Georg, 112 S.,
kart., **DM 6,80**/S 59,–

Trinksprüche
Fest- und Damenreden in Reimen. (0791)
Von L. Metzner, 88 S., 14 s/w-Zeichnun-
gen, kart. **DM 7,80**/S 69,–

**Trinksprüche, Richtsprüche,
Gästebuchverse**
(0224) Von D. Kellermann, 80 S., kart.
DM 5,80/S 49,–

Ins Gästebuch geschrieben
(0576) Von K. H. Trabeck, 96 S.,
24 Zeichnungen, kart. **DM 7,80**/S 69,–

Poesiealbumverse
Heiteres und Besinnliches. (0578) Von
A. Göttling, 32 S., 20 Zeichnungen,
Pappband. **DM 14,80**/S 119,–

Verse fürs Poesiealbum
(0241) Von I. Wolter, 96 S., 20 Abb., kart.
DM 5,80/S 49,–

Rosen, Tulpen, Nelken . . .
Beliebte Verse fürs Poesiealbum
(0431) Von W. Pröve, 96 S., 11 Faksimile-
Abb., kart. **DM 5,80**/S 49,–

Der Versschmied
Kleiner Leitfaden für Hobbydichter. Mit
Reimlexikon. (0597) Von T. Parisius,
96 S., 28 Zeichnungen, kart.
DM 7,80/S 69,–

Was wäre das Leben ohne Hoffnung
Trostreiche Worte
(2224) Hrsg. E. Heinold, 80 S., 23 Farbfotos, Pappband. **DM 9,80**/S 85,–

Moderne Korrespondenz
Handbuch für erfolgreiche Briefe.
(4014) Von H. Kirst und W. Manekeller,
544 S., gebunden. **DM 39,–**/S 319,–

Der neue Briefsteller
Musterbriefe für alle Gelegenheiten.
(0060) Von I. Wolter-Rosendorf, 112 S.,
kart. **DM 5,80**/S 49,–

Geschäftliche Briefe
des Privatmanns, Handwerkers, Kauf-
manns. (0041) Von A. Römer, 120 S.,
kart. **DM 6,80**/S 59,–

Behördenkorrespondenz
Musterbriefe – Anträge – Einsprüche.
(0412) Von E. Ruge, 120 S., kart.
DM 7,80/S 69,–

Musterbriefe
für alle Gelegenheiten. (0231) Hrsg. von
O. Fuhrmann, 240 S., kart.
DM 9,80/S 79,–

Privatbriefe
Muster für alle Gelegenheiten. (0114) Von
I. Wolter-Rosendorf, 132 S., kart.
DM 6,80/S 59,–

Briefe zu Geburt und Taufe
Glückwünsche und Danksagungen.
(0802) Von H. Beitz, 96 S., 12 Zeichnungen, kart. **DM 9,80**/S 79,–

Erfolgstips für den Schriftverkehr
Briefwechsel leicht gemacht durch ein-
fachen Stil und klaren Ausdruck (0678)
Von J. Werbellin, 120 S., kart.
DM 8,80/S 74,–

Worte und Briefe der Anteilnahme
(0464) Von E. Ruge, 128 S., mit vielen
Abb., kart. **DM 9,80**/S 79,–

Reden in Trauerfällen
Mustersprachen für Beerdigungen und
Trauerfeiern (0736) Von G. Georg,
104 S., kart. **DM 6,80**/S 59,–

Lebenslauf und Bewerbung
Beispiele für Inhalt, Form und Aufbau.
(0428) Von H. Friedrich, 112 S., kart.
DM 6,80/S 59,–

**Erfolgreiche Bewerbungsbriefe und
Bewerbungsformen.**
(0138) Von W. Manekeller, 88 S., kart.
DM 5,80/S 49,–

Die erfolgreiche Bewerbung
Bewerbung und Vorstellung. (0173) Von
W. Manekeller, 156 S., kart.
DM 9,80/S 79,–

Die Bewerbung
Der moderne Ratgeber für Bewerbungsbriefe, Lebenslauf und Vorstellungsgespräche. (4138) Von W. Manekeller,
264 S., Pappband. **DM 19,80**/S 159,–

Vorstellungsgespräche
sicher und erfolgreich führen. (0636) Von
H. Friedrich, 144 S., kart.
DM 9,80/S 79,–

Keine Angst vor Einstellungstests
Ein Ratgeber für Bewerber. (0793) Von
Ch. Titze, 120 S., 67 Zeichnungen, kart.
DM 9,80/S 79.–

Zeugnisse im Beruf
richtig schreiben, richtig verstehen.
(0544) Von H. Friedrich, 112 S., kart.
DM 9,80/S 79.–

In Anerkennung Ihrer . . . ,
**Lob und Würdigung in Briefen
und Reden.**
(0535) Von H. Friedrich, 136 S., kart.
DM 9,80/S 79.–

Erfolgreiche Kaufmannspraxis
Wirtschaftliche Grundlagen, Geld, Kredit-
wesen, Steuern, Betriebsführung, Recht,
EDV. (4046) Von W. Göhler, H. Gölz,
M. Heibel, Dr. D. Machenheimer, 544 S.,
gebunden. **DM 39,–**/S 319.–

Der Rechtsberater im Haus
(4048) Von K.-H. Hofmeister, 528 S., gebunden. **DM 39,–**/S 319.–

Arbeitsrecht
Praktischer Ratgeber für Arbeitnehmer
und Arbeitgeber. (0594) Von J. Beuthner,
192 S., kart. **DM 16,80**/S 139.–

Mietrecht
Leitfaden für Mieter und Vermieter.
(0479) Von J. Beuthner, 196 S., kart.
DM 14,80/S 119.–

Familienrecht
Ehe – Scheidung – Unterhalt. (4190) Von
T. Drewes, R. Hollender, 368 S., Papp-
band. **DM 29,80**/S 239.–

**Erziehungsgeld, Mutterschutz,
Erziehungsurlaub**
Alles über das neue Recht für Eltern. Mit
den Gesetzestexten. (0835) Von J. Grö-
nert, 144 S., kart. **DM 12,80**/S 99.–

Scheidung und Unterhalt
nach dem neuen Eherecht. (0403) Von
Rechtsanwalt H. T. Drewes, 112 S., mit
Kosten- und Unterhaltstabellen, kart.
DM 7,80/S 69.–

Testament und Erbschaft
Erbfolge, Rechte und Pflichten der Erben,
Erbschafts- und Schenkungssteuer,
Mustertestamente. (4139) Von T. Drewes,
R. Hollender, 304 S., Pappband.
DM 26,80/S 218.–

Erbrecht und Testament
Mit Erläuterungen des Erbschaftssteuer-
gesetzes von 1974. (0046) Von Dr. jur.
H. Wandrey, 124 S., kart. **DM 6,80**/S 59.–

Endlich 18 und nun?
Rechte und Pflichten mit der Volljährig-
keit. (0646) Von R. Rathgeber, 224 S.,
27 Zeichnungen, kart. **DM 14,80**/S 119.–

Was heißt hier minderjährig?
(0765) Von R. Rathgeber, C. Rummel,
148 S., 50 Fotos, 25 Zeichnungen, kart.
DM 14,80/S 119.–

**Erfolgreiche Bewerbung um einen
Ausbildungsplatz**
(0715) Von H. Friedrich, 136 S., kart.
DM 9,80/S 79.–

Elternsache Grundschule
(0692) Hrsg. von K. Meynersen, 324 S.,
kart. **DM 26,80**/S 218.–

Sexualberatung
(0402) Von Dr. M. Röhl, 168 S., 8 Farbtafeln, 17 Zeichnungen, Pappband.
DM 19,80/S 159.–

Die Kunst des Stillens
nach neuesten Erkenntnissen
(0701) Von Prof. Dr. med. E. Schmidt/
S. Brunn, 112 S., 20 Fotos und Zeichnungen, kart. **DM 9,80**/S 79.–

Wenn Sie ein Kind bekommen
(4003) Von U. Klamroth, Dr. med.
H. Oster, 240 S., 86 s/w-Fotos, 30 Zeichnungen, Pappband. **DM 24,80**/S 198.–

Vorbereitung auf die Geburt
Schwangerschaftsgymnastik, Atmung,
Rückbildungsgymnastik. (0251) Von
S. Buchholz, 112 S., 98 s/w-Fotos, kart.
DM 6,80/S 59.–

Wie soll es heißen?
(0211) Von D. Köhr, 136 S., kart.
DM 5,80/S 49.–

Das Babybuch
Pflege · Ernährung · Entwicklung. (0531)
Von A. Burkert, 128 S., 16 Farbtafeln,
38 s/w-Fotos, 30 Zeichnungen, kart.
DM 12,80/S 99.–

Wenn der Mensch zum Vater wird
Ein heiter-besinnlicher Ratgeber.
(4259) Von D. Zimmer, 160 S., 20 Zeichnungen, Pappband. **DM 19,80**/S 159.–

Mitmachen – die Umwelt retten!
Das Öko-Testbuch
Analysen und Experimente zur Eigen-
initiative. (4160) Von M. Häfner,
400 Farbfotos, 137 farbige Zeichnungen,
Pappband. **DM 39,–**/S 319.–

Die neue Lebenshilfe **Biorhytmik**
Höhen und Tiefen der persönlichen
Lebenskurven vorausberechnen und
danach handeln. (0458) Von W. A. Appel,
157 S., 63 Zeichnungen, Pappband.
DM 12,80/S 99.–

Vom Urkrümel zum Atompilz
Evolution – Ursache und Ausweg aus der
Krise. (4181) Von Jürgen Voigt, 188 S.,
20 Farb- und 70 s/w-Fotos, 32 Zeichnungen, kart. **DM 19,80**/S 159.–

Dinosaurier
und andere Tiere der Urzeit. (4219) Von
G. Alschner, 96 S., 81 Farbzeichnungen,
4 Fotos, Pappband. **DM 24,80**/S 198.–

Der Sklave Calvisius
Alltag in einer römischen Provinz 150 n.
Chr. (4058) Von A. Ammermann,
T. Röhrig, G. Schmidt, 120 S.,
99 Farbabb., 47 s/w-Abb., Pappband.
DM 19,80/S 159.–

ZDF · ORF · DRS
Kompaß Jugend-Lexikon
(4096) Von R. Kerler, J. Blum, 336 S.,
766 Farbfotos, 39 s/w-Abb., Pappband.
DM 39,–/S 319.–

Astrologie
Das Orakel der Sterne. (2211) Von
B. A. Mertz, 80 S., 42 Farb- und 15 s/w-
Fotos, Pappband. **DM 9,80**/S 85,–

Psycho-Tests
– Erkennen Sie sich selbst. (0710) Von
B. M. Nash, R. B. Monchick, 304 S.,
81 Zeichnungen, kart. **DM 16,80**/S 139,–

Falken-Handbuch **Astrologie**
Charakterkunde · Schicksal · Liebe und
Beruf · Berechnung und Deutung von
Horoskopen · Aszendenttabelle. (4068)
Von B. A. Mertz, 342 S., mit 60 er-
läuternden Grafiken, gebunden.
DM 29,80/S 239.–

Selbst Wahrsagen mit Karten
Die Zukunft in Liebe, Beruf und Finanzen.
(0404) Von R. Koch, 112 S., 252 Abb.,
Pappband. **DM 12,80**/S 99.–

Weissagen, Hellsehen, Kartenlegen . . .
Wie jeder die geheimen Kräfte ergründen
und sich nutzen kann. (4153) Von
G. Haddenbach, 192 S., 40 Zeichnungen,
Pappband. **DM 19,80**/S 159.–

Frauenträume, Männerträume
und ihre Bedeutung. (4198) Von
G. Senger, 272 S., mit Traumlexikon,
Pappband. **DM 29,80**/S 239,–

Wahrsagen mit Tarot-Karten
(0482) Von E. J. Nigg, 112 S., 4 Farbtafeln, 52 s/w-Abb., Pappband.
DM 14,80/S 119.–

Aztekenhoroskop
Deutung von Liebe und Schicksal nach
dem Aztekenkalender. (0543) Von
C.-M. und R. Kerler, 160 S., 20 Zeichnungen, Pappband. **DM 9,80**/S 79.–

Was sagt uns das Horoskop?
Praktische Einführung in die Astrologie.
(0655) Von B. A. Mertz, 176 S., 25 Zeichnungen, kart. **DM 9,80**/S 79.–

Das Super-Horoskop
Der neue Weg zur Deutung von Charakter,
Liebe und Schicksal nach chinesischer
und abendländischer Astrologie. (0465)
Von G. Haddenbach, 175 S., kart.
DM 9,80/S 79.–

**Liebeshoroskop für die
12 Sternzeichen**
Alles über Chancen, Beziehungen, Erotik,
Zärtlichkeit, Leidenschaft. (0587) Von
G. Haddenbach, 144 S., 11 Zeichnungen,
kart. **DM 7,80**/S 69.–

Die 12 Sternzeichen
Charakter, Liebe und Schicksal. (0385)
Von G. Haddenbach, 160 S., Pappband.
DM 12,80/S 99.–

**Die 12 Tierzeichen im chinesischen
Horoskop**
(0423) Von G. Haddenbach, 128 S.,
Pappband. **DM 9,80**/S 79.–

Sternstunden
für Liebe, Glück und Geld, Berufserfolg
und Gesundheit. Das ganz persönliche
Mitbringsel für Widder (0621), Stier
(0622), Zwillinge (0623), Krebs (0624),
Löwe (0625), Jungfrau (0626), Waage
(0627), Skorpion (0628), Schütze
(0629), Steinbock (0630), Wassermann
(0631), Fische (0632) Von L. Cancer,
62 S., durchgehend farbig, Zeichnungen,
Pappband. **DM 5,–**/S 39.–

So deutet man Träume
Die Bildersprache des Unbewußten.
(0444) Von G. Haddenbach, 160 S.,
Pappband. **DM 9,80**/S 79.–

Die Familie im Horoskop
Glück und Harmonie gemeinsam erleben
– Probleme und Gegensätze verstehen
und tolerieren. (4161) Von B. A. Mertz,
296 S., 40 Zeichnungen, kart.
DM 19,80/S 159.–

Erkennen Sie Psyche und Charakter
durch **Handdeutung**
(4176) Von B. A. Mertz, 252 S., 9 s/w-
Fotos, 160 Zeichnungen, Pappband.
DM 36,–/S 298.–

Falken-Handbuch
Kartenlegen
Wahrsagen mit Tarot-, Skat-, Lenormand-
und Zigeunerblättern. (4226) Von
B. A. Mertz, 288 S., 38 Farb- und
108 s/w-Abb. Pappband.
DM 39,–/S 319.–

I Ging der Liebe
Das altchinesische Orakel für Partner-
schaft und Ehe. (4244) Von G. Damian-
Knight, 320 S., 64 s/w-Zeichnungen,
Pappband. **DM 29,80**/S 239.–

Wenn die Schwalben niedrig fliegen
Bauernregeln
(2208) Von G. Haddenbach, 80 S.,
52 Farbfotos, Pappband.
DM 9,80/S 85,–

Bauernregeln, Bauernweisheiten, Bauernsprüche
(4243) Von G. Haddenbach, 192 S., 62 Farbabb. 9 s/w-Fotos, 144 s/w-Zeichnungen, Pappband. **DM 29,80**/S 239,–

Computer

Computer Grundwissen
Eine Einführung in Funktion und Einsatzmöglichkeiten. (4302) Von W. Bauer, 176 Seiten, 193 Farb- und 12 s/w-Fotos, 37 Computergrafiken, kart.,
DM 29,80/S 239,–
(4301) Pappband, **DM 39,–**/S 312,–

Einführung in die Programmiersprache BASIC. (4303) Von S. Curran und R. Curnow, 192 S., 92 Zeichnungen, kart. **DM 19,80**/S 159,–

Lernen mit dem Computer. (4304) Von S. Curran und R. Curnow, 144 S., 34 Zeichnungen, Spiralbindung.
DM 19,80/S 159,–

Computerspiele, Grafik und Musik
(4305) Von S. Curran und R. Curnow, 147 S., 46 Zeichnungen, Spiralbindung.
DM 19,80/S 159,–

dBase III
Einführung für Einsteiger und Nachschlagewerk für Profis. (4310) Von J. Brehm, G. A. Karl, 211 S., 23 Abb., kart. **DM 58,–**/S 460,–

Das Medienpaket
Buch und Programmdiskette „dBase III" zusammen (4312) **DM 98,–**/S 784,–

**Grundwissen
Informationsverarbeitung**
(4314) Von H. Schiro, 312 S., 59 s/w-Fotos, 133 s/w-Zeichnungen, Pappband.
DM 58,–/S 460,–

Heimcomputer-Bastelkiste
Messen, Steuern, Regeln mit C 64-, Apple II-, MSX-, TANDY-, MC-, Atari- und Sinclair-Computern. (4309) Von G. A. Karl, 256 S., 160 Zeichnungen, kart.
DM 39,–/S 319,–

Drucker und Plotter
Text und Grafik für Ihren Computer. (4315) Von K.-H. Koch, 192 S., 12 Farbtafeln, 5 s/w-Fotos, kart.
DM 39,–/S 319,–

Textverarbeitung mit Home- und Personal-Computern
Systeme – Vergleiche – Anwendungen. (4316) Von A. Görgens, 128 S., 49 s/w-Fotos, kart. **DM 29,80**/S 239,–

Software

Maschinenschreiben
In 10 Tagen spielend gelernt.
Von Bernhard Hoppius. (7008) Diskette für den C 64 und C 128 PC. **DM 49,80** unverb. Preisempf.), (7009) für IBM + kompatible, **DM 79,–** (unverb. Preisempf.), (7010) für Schneider CPC 464, 664, 6128, **DM 69,–** (unverb. Preisempf.).

The Grammar Master
Englische Grammatik üben und beherrschen.
(7002) C 64-Diskettenversion, **DM 49,80**

Lernhilfen

Deutsch für Ausländer im Selbstunterricht
Ausgabe für Jugoslawen
(0261) Von I. Hladek und E. Richter, 132 S., 62 Zeichnungen, kart.
DM 9,80/S 79.–

Deutsch – Ihre neue Sprache.
Grundbuch (0327) Von H.-J. Demetz und J. M. Puente, 204 S., mit über 200 Abb., kart. **DM 14,80**/S 119.–

Glossar Italienisch
(0329) Von H.-J. Demetz und J. M. Puente, 74 S., kart.
DM 9,80/S 79.–

In gleicher Ausstattung:
Glossar Spanisch (0330)
DM 9,80/S 79.–

Glossar Serbokroatisch (0331)
DM 9,80/S 79.–

Glossar Türkisch (0332)
DM 9,80/S 79.–

Glossar Arabisch (0335)
DM 9,80/S 79.–

Glossar Französisch (0337)
DM 9,80/S 79.–

Das Deutschbuch
Ein Sprachprogramm für Ausländer, Erwachsene und Jugendliche.
Autorenteam: J. M. Puente,
H.-J. Demetz, S. Sargut, M. Spohner.

Grundbuch Jugendliche
(4915) Von Puente, Demetz, Sargut, Spohner, Hirschberger, Kersten, von Stolzenwaldt, 256 S., durchgehend zweifarbig, kart. **DM 19,80**/S 159.–

Grundbuch Erwachsene
(4901) Von Puente, Demetz, Sargut, Spohner, 292 S., durchgehend zweifarbig, kart. **DM 24,80**/S 198.–

Arbeitsheft
zu Grundbuch Erwachsene und Jugendliche. (4903) Von Puente, Demetz, Sargut, Spohner, 160 S., durchgehend zweifarbig, kart. **DM 16,80**/S 139.–

Aufbaukurs
(4902) Von Puente, Sargut, Spohner, 232 S., durchgehend zweifarbig, kart.
DM 22,80/S 182.–

Lehrerhandbuch Grundbuch Erwachsene
(4904) 144 S., kart. **DM 14,80**/S 119.–

Lehrerhandbuch Grundbuch Jugendliche
(4929) 120 S., kart. **DM 14,80**/S 119.–

Lehrerhandbuch Aufbaukurs
(4930) 64 S., kart. **DM 9,80**/S 79.–

Glossare Erwachsene:
Türkisch
(4906) 100 S., kart. **DM 9,80**/S 79.–

Englisch
(4912) 100 S., kart. **DM 9,80**/S 79.–

Französisch
(4911) 104 S., kart. **DM 9,80**/S 79.–

Spanisch
(4909) 98 S., kart. **DM 9,80**/S 79.–

Italienisch
(4908) 100 S., kart. **DM 9,80**/S 79.–

Serbokroatisch
(4914) 100 S., kart. **DM 9,80**/S 79.–

Griechisch
(4907) 102 S., kart. **DM 9,80**/S 79.–

Portugiesisch
(4910) 100 S., kart. **DM 9,80**/S 79.–

Polnisch
(4913) 102 S., kart. **DM 9,80**/S 79.–

Arabisch
(4905) 100 S., kart. **DM 9,80**/S 79.–

Glossare Jugendliche:
Türkisch
(4927) 104 S., kart. **DM 9,80**/S 79.–

Italienisch
(4932) Von A. Baumgartner, 104 S., kart.
DM 9,80/S 79.–

Spanisch
(4933) Von M. Weidemann, 104 S., kart.
DM 9,80/S 79.–

Serbokroatisch
(4934) Von M. Vuckovic, 104 S., kart.
DM 9,80/S 79.–

Griechisch
(4936) Von Dr. G. Tzounakis, 112 S., kart.
DM 9,80/S 79.–

Tonband Grundbuch Erwachsene
(4916) Ø 18 cm. **DM 125,–**/S 1.000.–

Tonband Grundbuch Jugendliche
(4917) Ø 18 cm. **DM 125,–**/S 1.000.–

Tonband Aufbaukurs
(4918) Ø 18 cm. **DM 125,–**/S 1.000.–

Tonband Arbeitsheft
(4919) Ø 18 cm. **DM 89,–**/S 712.–

Kassetten Grundbuch Erwachsene
(4920) 2 Stück à 90 Min. Laufzeit.
DM 39,–/S 319.–

Kassetten Grundbuch Jugendliche
(4921) 2 Stück à 90 Min. Laufzeit.
DM 39,–/S 319.–

Kassetten Aufbaukurs
(4922) 2 Stück à 90 Min. Laufzeit.
DM 39,–/S 319.–

Kassette Arbeitsheft Grundbuch
(4923) 60 Min. Laufzeit.
DM 19,80/S 159.–

Overheadfolien Grundbuch Erwachsene
(4924) 60 Stück **DM 159,–**/S 1.270.–

Overheadfolien Grundbuch Jugendliche
(4925) 59 Stück. **DM 159,–**/S 1.270.–

Overheadfolien Aufbaukurs
(4931) 54 Stück. **DM 159,–**/S 1.270.–

Diapositive Grundbuch Erwachsene
(4926) 300 Stück. **DM 398,–**/S 3.184.–

Bildkarten
zum Grundbuch Jugendliche und Erwachsene. (4928) 200 Stück.
DM 159,–/S 1.270.–

Arbeitshefte für ausländische Jugendliche in der Berufsvorbereitung
Fachsprache im projektorientierten/ fachübergreifenden Unterricht
Metall 1
(4937) Von S. Sargut, M. Spohner, 96 S., 30 Farbfotos, 100 Zeichnungen, kart.
DM 14,80/S 119.–

Maschinenschreiben für Kinder
(0274) Von H. Kaus, 48 S., farbige Abb., kart. **DM 5,80**/S 49,–
So lernt man leicht und schnell

Maschinenschreiben
Lehrbuch für Selbstunterricht und Kurse. (0568) Von J. W. Wagner, 112 S., 31 s/w-Fotos, 36 Zeichnungen, kart. **DM 19,80**/ S 159.–

Maschinenschreiben durch Selbstunterricht
(0170) Von A. Fonfara, 84 S., kart. **DM 5,80**/S 49.–

Stenografie leicht gelernt
im Kursus oder Selbstunterricht. (0266) Von H. Kaus, 64 S., kart. **DM 6,80**/S 59.–

Buchführung
leicht gefaßt. Ein Leitfaden für Handwerker und Gewerbetreibende. (0127) Von R. Pohl. 104 S., kart. **DM 7,80**/S 69.–

Buchführung leicht gemacht
Ein methodischer Grundkurs für den Selbstunterricht. (4238) Von D. Machenheimer, R. Kersten, 252 S., Pappband. **DM 26,80**/S 218,–

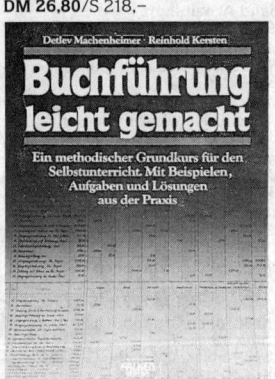

Schülerlexikon der Mathematik
Formeln, Übungen und Begriffserklärungen für die Klassen 5–10. (0430) Von R. Müller, 176 S., 96 Zeichnungen, kart. **DM 9,80**/S 79.–

Mathematik verständlich
Zahlenbereiche Mengenlehre, Algebra, Geometrie, Wahrscheinlichkeitsrechnung, Kaufmännisches Rechnen. (4135) Von R. Müller, 652 S., 10 s/w- und 109 Farbfotos, 802 farbige und 79 s/w-Zeichnungen, über 2500 Beispiele und Übungen mit Lösungen, Pappband. **DM 68,–**/S 549.–

Mathematische Formeln für Schule und Beruf
Mit Beispielen und Erklärungen. (0499) Von R. Müller, 156 S., 210 Zeichnungen, kart. **DM 9,80**/S 79.–

Rechnen aufgefrischt
für Schule und Beruf. (0100) Von H. Rausch, 144 S., kart. **DM 6,80**/S 59.–
Mehr Erfolg in Schule und Beruf

Besseres Deutsch
Mit Übungen und Beispielen für Rechtschreibung, Diktate, Zeichensetzung, Aufsätze, Grammatik, Literaturbetrachtung, Stil, Briefe, Fremdwörter, Reden. (4115) Von K. Schreiner, 444 S., 7 s/w-Fotos, 27 Zeichnungen, Pappband. **DM 29,80**/S 239.–

Richtiges Deutsch
Rechtschreibung · Zeichensetzung · Grammatik · Stilkunde. (0551) Von K. Schreiner, 128 S., 7 Zeichnungen, kart. **DM 9,80**/S 79.–

Diktate besser schreiben
Übungen zur Rechtschreibung für die Klassen 4–8. (0469) Von K. Schreiner, 152 S., 31 Zeichnungen, kart. **DM 9,80**/S 79.–

Aufsätze besser schreiben
Förderkurs für die Klassen 4–10. (0429) Von K. Schreiner, 144 S., 4 s/w-Fotos, 27 Zeichnungen, kart. **DM 9,80**/S 79.–

Deutsche Grammatik
Ein Lern- und Übungsbuch. (0704) Von K. Schreiner, 112 S., kart. **DM 9,80**/S 79,–

Besseres Englisch
Grammatik und Übungen für die Klassen 5 bis 10. (0745) Von E. Henrichs, 144 S., **DM 12,80**/S 99,–

Richtige Zeichensetzung
durch neue, vereinfachte Regeln. Erläuterungen der Zweifelsfragen anhand vieler Beispiele. (0774) Von Prof. Dr. Ch. Stette, 160 S., kart. **DM 9,80**/S 79,–

Bestellschein

Ex. _____

Ex. _____

Ex. _____

Ex. _____

Name:

Straße: Ort:

Datum: Unterschrift: